东瀛 | 世相

为避免下坠而竞争

日本格差社会的未来

［日］山田昌弘 著

胡澎 杨雪 译

生活·讀書·新知 三联书店

Simplified Chinese Copyright © 2021 by SDX Joint Publishing Company.
All Rights Reserved.
本作品简体中文版权由生活·读书·新知三联书店所有。
未经许可,不得翻印。

图书在版编目(CIP)数据

为避免下坠而竞争:日本格差社会的未来 /(日)山田昌弘著;胡澎,杨雪译. —北京:生活·读书·新知三联书店,2021.10
(东瀛世相)
ISBN 978-7-108-07062-3

Ⅰ.①为… Ⅱ.①山… ②胡… ③杨… Ⅲ.①阶级差别-研究-日本-现代 Ⅳ.① D731.361

中国版本图书馆 CIP 数据核字(2021)第 007022 号

责任编辑	叶 彤
装帧设计	康 健
责任印制	徐 方
出版发行	生活·讀書·新知 三联书店
	(北京市东城区美术馆东街 22 号 100010)
网 址	www.sdxjpc.com
图 字	01-2020-6033
经 销	新华书店
印 刷	三河市天润建兴印务有限公司
版 次	2021 年 10 月北京第 1 版
	2021 年 10 月北京第 1 次印刷
开 本	787 毫米 × 1092 毫米 1/32 印张 5.25
字 数	82 千字
印 数	0,001 - 6,000 册
定 价	49.00 元

(印装查询:01064002715;邮购查询:01084010542)

目 录

序章　何为"为避免下坠而竞争"？………………1

第一章　下游化的中年单身寄生族…………17

第二章　单身寄生族被发现的时代…………27

第三章　置身于多样性和风险中的年轻人………41

第四章　遭遇"格差"的第一代…………69

第五章　居高不下的非正规化和未婚化………97

第六章　日本之外的单身寄生族也在增多……113

第七章　"避免下坠的竞争"的结局……………127

终章　努力摆脱"避免下坠的竞争"……………153

后记………………………………………………163

序章

何为『为避免下坠而竞争』？

"为避免下坠而竞争"是全球化的产物

大约在2000年,美国有一本畅销书名叫 *The Race to the Bottom*,作者是美国经济学家艾伦·托纳尔森(Alan Tonelson)。本书的书名是"朝向底层的竞争"①,就是借用该书的书名翻译过来的,用以描述当今日本社会的现状。在日本,这是我首次提出的概念。

在全球化的进程中,经济竞争扩大到全世界,无论是劳动者的薪酬还是社会保障均滑落到最低水平,艾伦·托纳尔森将这种现象称为"朝向底层的竞争"。这一词汇似乎在"二战"前就已存在,但艾伦·托纳尔森给其赋予了新的含义,即随着经济的全球化进程,"人、物、资金"都在以世界规模自由流动,从而形成了今天的竞争局面。由此,该词汇得以广泛传播。

在美国,伴随着经济结构转型的全球化,劳动的状况也

---

① 本书日文版的原名为"底辺への競争",直译成中文是"朝向底层的竞争"。为了和书的内容保持一致,避免引起歧义,征得作者同意,中文版改名为"为避免下坠而竞争"。——译注,下同

发生了改变，由此产生了"社会的底层"。大约从2000年开始，年轻人的贫困化、下层化成为重大的社会问题。正因如此，当时 The Race to the Bottom 一经出版便成了畅销书。

日本自20世纪90年代中期开始迎来了全球化的浪潮，其结果正如我在《希望格差社会①——"失败一族"的绝望感将撕裂日本》（2004年，筑摩书房）一书中所阐述的，未来的劳动状况将发生变化，即自由职业者和派遣社员等非正规雇用人员将不断增加。

在美国，这种劳动力状况的变化与年轻人的贫困化、下层化，即生存艰难的年轻群体的增多有着直接联系，然而在日本，这种变化和连最低限度的生活也无法满足的贫困化、下层化之间并没有直接关联。

在日本，首先出现的是"下游化"②。根据我的定义，所谓"下游化"指的是"虽然能够保证最低限度的生活，却无法期待能够实现比眼前更宽裕的状态（向上流动＝达到中流）"。

---

① 格差：日文名词，指差异、不平等、贫富差距；格差社会即社会阶层差距巨大或者越来越大的社会，也译作差距社会。本书将根据具体情况分别使用"格差"和"差距"两种译法。
② 原文为"下流化"。在日语中，分别用"中流""下流"表示社会的中层和下层。为避免在中文语境中出现歧义，本书将两词分别译为"中流""下游"。

举例来说，在日本，即便是自由职业者，如果和父母住在一起的话，就算将来没有什么希望，至少眼下生活还是不成问题的。而且，因为日本的生活保障制度非常健全，基本不会出现吃不饱饭的问题，但也看不到他们能过上富足的中流生活的"未来"。我认为这就是当时日本年轻人的状况。

同样是"底层"，日本的和美国的有着本质的不同。

能否维持中流生活的竞争

为避免下坠而竞争可谓当代日本社会的一大特征，其实质是为了维持中流生活所进行的竞争，也就是为了不坠入"下游社会"而做的竞争。这种竞争绝不是积极向前的，而是倒退的。因此，准确地说，是为了免于坠入底层的竞争或者挣扎。

"下游"这个词是市场运营分析家三浦展推广的概念。他的著作《下游社会——新阶层集团的出现》（2005年，光文社新书）一经出版便成为当时的畅销书。三浦在书中描绘了一批只要获得基本生活需求就心满意足的，即所谓"没有上升志向的年轻人"。这批人并没有贫困到吃不饱饭，他们甚至还能和朋友们一起娱乐、玩耍。不过这批年轻人是没有未来的。该书首次明确使用了"下游社会"这一概念来呈现这批年轻人的状况。

在三浦的《下游社会》之前,我曾写过《单身寄生族的时代》(1999年,筑摩新书)和《希望格差社会》两本书,分别对当时年轻人所处的社会状况进行了描述——和父母住在一起,所以维持了他们的中流生活。我们用"单身寄生族"①这个词形容这一状况。同时,这种状况也表明这个社会很难让人对未来抱有希望。正因如此,几年后,我提出了"希望格差社会"这一概念。

此后,本书所叙述的"为避免下坠而竞争"自然也是在格差社会的延长线上的。"为避免下坠而竞争"指的是为了保住目前所享有的其父母所营造的中流生活而进行的竞争,即所谓的"逃避竞争"。

我认为,当今的日本社会中,这种竞争正在以更为残酷的形式呈现在日常生活中,例如,当今社会出现了"就活""婚活"这类说法。

与其说是在逃避竞争中获胜,不如说是为了避免在竞争

---

① 类似中国的"啃老族"。

中落败。这些人凭借和父母一同生活而得以继续过着中产阶级的中流生活。然而，那些无法逃避的人则会坠落到下游。这就意味着他们将来会陷入这样一种状态：既无法过上父母所过的那种生活，也无法过上现在这样的生活。

至少在15年前，社会学家佐藤俊树出版了《不平等社会日本——再见总中流①》（2000年，中公新书）一书。正如该书的副标题所描述的，在竞争中落败而不得不与中流说再见的人即坠落到下游的人正不断增多，这就是当今日本社会的真实写照。

如佐藤所言，过去大多数人都属于中流阶层。确切地说，大家都认为自己过着中产阶级的生活，但如今，多数人及其他们的子女都有从中流坠落下去的风险。

而且，曾经历过中流生活的人对于坠落到下游有很大的不安。对此，作家桥本治是这样描述的："虽然不巴望着爬上去，但绝对讨厌下沉（到下游）……没有任何理由能够允许自己下沉。"（《知性的颠覆》，2017年，朝日新书）桥本虽然使用了"下沉"这种文学表达，但它的意思和坠落大抵是一样的吧。桥本所描述的是在为避免下坠的竞争中那些自认中

---

① "总中流"即全民中产。

流群体的诸多反应。

在为避免下坠而进行的竞争中明显呈现的是当今日本社会潜在的问题,特别是社会保障制度和劳动惯例的问题。

当今社会保障制度和劳动惯例建立的前提是:只要本人愿意,凡是男性都能成为正社员、正式职员;只要本人愿意,凡是男性都能够结婚且不离婚,组建一个正社员、正式职员的丈夫养活专职家庭主妇和子女的"标准家庭",走上合乎"标准"的人生道路。

相反,一旦脱离既定标准,跌入下游的可能性是非常大的。加之,当今的日本社会中,向下坠落就意味着过一种仅仅维持最低限度生活的日子,同时也陷入基本上没有上升空间的境地。例如,从学校毕业后没能进入正式员工行列的人在此后的就职活动中,比起应届毕业生,面临的情况会更加严峻。以应届毕业生身份进入黑色企业[①]后若不得不辞职,那么即便跳槽也跳不到待遇更好的正式员工的位置。女性一旦因为结婚和生孩子从正式员工的职位(包括公务员)上辞职,

---

① 指新兴产业领域的某些大企业。这些企业为了企业效益,大量聘用年轻人,违反劳动制度,让员工加班加点,迫使员工不断离职。

之后即便再就业也会变成兼职,很难重回正式员工的岗位。正因如此,进入"就活"和"婚活"、"保活"(保育活动)等"向内"的竞争,即为了保持所谓的"标准"的人生道路的竞争就变得愈发激烈。

学生要想成为和父亲一样的正式员工就需要持续不断地工作下去,不得不为了保住目前的生活水平而不断努力。他们没有向上爬的愿望,这正是对于"向下流动"的一种抵抗,可以说是典型的避免下坠的竞争。

我想,如果社会的制度和惯例能够重新修改并奏效,避免下坠的竞争就不会变得越来越激烈了。

女性在年轻的时候,至少要找到一个和自己父亲赚钱能力差不多的、身为拥有稳定收入的正式员工的男性做配偶。若非如此,便无法过上母亲那样的生活。因为年龄越大,遇到这种男性的机会就越少。近年来,寻找结婚对象的活动呈现低龄化倾向,这也可以说是进行避免下坠的竞争的一个结果。

总之,无法成为正式员工、从正式员工的位置上坠落下来、一直不结婚……这样的状况在持续,坠落到底层的概率也在不断增加。在此,我想强调一下,日本的"下游"不是指食物短缺的贫困或身处社会底层，它意味的是尚能维持最低限度的生活，生活水平却没机会提高的状态。

避免下坠的竞争的排头兵——40岁世代

避免下坠的竞争是从何时开始的呢？我认为是从当今40岁左右这一代的年轻时期开始的，也就是20年[①]前。这正好是我称之为"单身寄生族"的一代人，可以说他们是"为避免下坠而竞争"队伍的排头兵。（在本书中，将在1970～1979年出生、截至2017年12月末这一时点上38～47岁的人称为"40岁世代"。）换言之，其上一世代（现在50岁左右的世代）是还没有呈现避免下坠的竞争现象的最后一代人，他们年轻的时候怀有对社会地位上升的期待，因而没有跌入下游的不安。之后的世代便开始走上避免下坠的竞争的道路，而这种竞争的方式明显看得出来是越来越激烈了。

聚焦日本社会的"格差"和"世代"，我用图表（图表1）将第一次世界大战之前（100年前）、第二次世界大战后的经

---

① 本书写于2017年左右。

济高速增长期（50年前）、20年前、现在、20年后和其结构的变迁予以总结。该图表中的"近代社会"是指"丈夫在外工作，妻子做家务、抚育子女，以过上宽裕的生活为目标"的社会。"近代家庭"中也包含前述的"标准家庭"（那种家庭模式符合当时日本的社会状况，日本进入近代社会是在战后[①]从经济高速增长期开始的，故我也称之为"战后型家庭"）。"前近代社会"是近代家庭成立以前的社会，其形态特征是从事农业等工作，家庭全部成员都参加劳动。

接下来，让我们从战前开始逐一进行说明。战前的日本的社会阶层分为少部分富裕阶层和大多数平民阶层两部分，阶层间基本没有流动的机会。虽说有极少数富裕阶层坠落至平民阶层或平民阶层上升到富裕阶层，但那不过是个别情况。也就是说，截至战前，父母若是富裕阶层则子孙也是富裕阶层，父母若是平民阶层则子孙也是平民阶层。如此看来，这是一个缺乏流动的安定的社会。由于当时经济不发达，职业也都是世袭，子女都从事与其父母相同的职业，人们各自按照自己的身份过日子。从这个意义来说，在各阶层内部，无

---

① 日文语境中的"战前""战后"指"二战"以前或以后。

图表1 世代间和世代内的收入差距的变迁

【近代社会】
50年前

```
中流（近代家庭）
          下游（庶民）
```
20岁（孙）　45岁（子）　70岁（父母）

得益于经济高速增长，子孙世代比父母亲世代更为宽裕的社会。

20年前

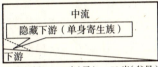

20岁（孙）　45岁（子）　70岁（父母）

经济增长停滞，子孙的收入比父母辈更少的家庭开始出现的社会。

现在

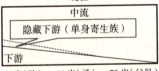

20岁（孙）　45岁（子）　70岁（父母）

经济停滞长期化，子孙的收入比父辈少的家庭比例增长的社会。

20年后

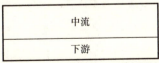

20岁（孙）　45岁（子）　70岁（父母）

父母是中流则子孙也是中流，父母是下游则子孙也是下游，阶级再固定化的社会。

【前近代社会】
100年前

```
富裕阶层

庶民
```
20岁（孙）　45岁（子）　70岁（父母）

父母是富裕阶层，那么子与孙也是富裕阶层，父母是平民则子孙也是平民，阶层固定化的社会。

论是世代之间还是世代内部都没有本质的差距。

战后，随着日本经济高速发展，形成了中流社会。50年前经济高速增长时期虽说是中流社会，但并不是所有的世代一下子都过上了中流生活，而是年轻人占据了有利条件。这里所说的中流生活指的是：拥有自己的房产和汽车，家电用品齐全，孩子若是想要接受高等教育也可如愿，偶尔全家也可以有一些休闲娱乐活动，也就是说都能满足所谓"体现宽裕生活的条件"的生活状态。即便进入了经济高速增长期，父母世代和祖父母世代仍从事和战前一样的农业劳作职业，他们过的生活也并不宽裕，生活变得宽裕的是年轻一代。特别是那些去大城市、在企业就职的年轻男性，借着经济高速增长和年功序列制、终身雇用制的浪潮，收入逐渐能够撑得起中流生活。和现在相反，当时，在大城市工作的子女给老家的父母寄送生活费是理所当然的。

当时的老年人（说是老年人，其实当时男性的平均寿命也就60岁左右）虽说没有过上这种宽裕的生活，但是到了他们的儿女以及孙子一代，生活逐渐宽裕起来的中产家庭逐渐增多。这就是50年前日本社会的写照。

这批年轻人随着年龄的增长，娶妻生子，然后子孙繁衍，使得战后日本成了被称为没有贫富差距的"一亿总中流"的社会。据现在内阁府定期实施的"国民生活意识调查"显示，1970年以后，认为自己的生活水平"中流"的人超过了九成。

逐渐严峻的格差固定化趋势

之后，日本经济经历了低速增长期、泡沫经济时期，到了20世纪90年代，经济基本上停止了增长。经济全球化浪潮的背景下，以自由职业者为代表，没有固定职业的低收入人群开始受到关注，出现了所谓"向下流动的浪潮"。

当然，无论哪个世代，处于下游的人总是占有一定比例，特别是20世纪90年代中期以后，虽然过着中流生活却没有赚到足够工资的年轻人不断增多。可这批年轻人的父母一代在20世纪90年代大多数还是公司的正式员工（包括公务员），大多拥有自己的房子。也就是说，即便年轻人不赚钱，由于是和父母住在一起，依靠父母生活，虽不结婚却也能享受单身生活的乐趣，这就是我所说的"单身寄生族"现象。但现在看来，这种现象是一种"被遮蔽起来的下游生活"，将来也不会发生改变。

那么,现在日本社会又是一种什么情形呢?社会差距的固化正在缓慢推进。也就是说,每一年龄段的人的生活水平都在往下滑,而把下游生活水平提上去是很困难的,凭一己之力无法满足中流生活必备条件的群体正在增大。

无论是70岁的老年人、50岁的父母一代,还是20岁的年轻人,均无一例外地呈现出向下流动的特征。如前所述,日本是一个以年功序列、终身雇用制度为基础建构的社会,一旦没有跟上趟就很难重新来过。跻身标准人生轨道的难度在不断上升,年轻一代中跌入下游的人也就不断增多了。也就是说,将来子女的收入比父母少的情况会逐渐增多,现在这种情况还在向前发展。

就这样经过了20年,无论是父辈、子辈还是孙辈,都在以同样的比例以中流和下游的形式逐渐阶层分化,我担心日本将逐渐变成格差固化的社会。

这就是所谓的"格差社会的形成"。例如,除了中彩票以外生活水准很难提高的群体逐渐增大,一旦跌入"下游社会",活到老生活都紧巴巴的,不,到死为止都不得不生活得紧巴巴的人会增加。恐怕,日本社会的生活保障和公共护理的水平也会逐渐下滑,"父母孩子皆潦倒""孤独死"的现象也会增多吧。

不管是谁看到这些场景都不想将来自己变成这样吧。或早或晚都会陷入这种悲惨境遇的人和不会到那种地步的人被截然不同地分为两个群体。在这个向下层坠落、不再有希望的社会里，不管是谁，即使现在还过着中流生活，都会担心不知什么时候会坠落到下游，会心怀不安地度过一生。

本书以这样一种社会的到来为前提，主要着眼于现在的40岁世代，期望对"避免下坠的竞争"这一现象进行考察。距今20年前20岁左右的这批40岁世代，因为和父母住在一起，虽然看到了向下流动的征兆，但仍沉溺于中流生活的人非常多。这批人现在已步入中年。没有成为正式员工的人、即使想结婚也结不了的人、和父母阴阳两隔的人、结了婚又离了的人，他们中的大部分都在向下游坠落，而且他们现在正好是避免下坠的竞争队伍的排头兵。那么，过去的单身寄生族现在变成什么样了呢？本书将以此为中心展开分析。

第一章 下游化的中年单身寄生族

"寄生梦"的破灭

20世纪90年代,当我对当时20多岁的"单身寄生族"进行调查的时候,发现他们过着比其父母年少时宽裕得多的生活。当时的年轻人可以享受到比其父母以前经历过的更为丰富多彩的生活。

大部分20世纪40年代左右出生的父母一代,年轻的时候完全不可能考虑去海外旅行,奢侈品也大多与自己绝缘,也没有诸如去法国餐厅用餐、休假时去滑雪这类"优雅"的生活。但到了20世纪90年代,单身寄生族却由于得益于与父母同住而过上了父母一辈根本不曾经历过的丰富多彩的生活。

此外,20世纪90年代时,20岁左右的人认为自己将来应该会过上比父母更好的生活。女性的话,应该会和赚钱超过自己父亲的男性结婚;男性的话,到中年的时候,应该比父母收入更高。此外,即便自己升格为父母辈,也能过上比自己父母更宽裕的生活,自己的子女也会过上比自己更宽裕的生活。总之,当时的单身寄生族可以有自己所谓的"寄生梦"。

但到今天,我们回过头再来看看那批年轻人,20多年后他们已经40来岁了,也许过着并不比他们父母更好的生活,而且越来越多的人很难过上更好的生活。"寄生梦"已完全破灭,40岁世代的现状不如说正朝着相反的方向发展。

"35～44岁与父母同住的未婚者"约300万人

超过15年前,我出版了《单身寄生族的时代》一书。该书基于我和研究伙伴的调查。我们调查了20世纪90年代起时20多岁、与父母同住的未婚者的生活方式(工作、娱乐、恋爱等)等相关情况,并将研究成果向读者进行了阐述(共同研究的成果是我与宫本mitiko[①]、岩上真珠合著的《未婚化社会的亲子关系》,1997年,有斐阁)。

当时,20岁世代的单身寄生族一直拖延着不结婚,享受着宽裕的单身生活,日常基本生活(居住和吃饭等)都依靠父母,自己收入的大部分作为"零花钱"来消费。在此之前,此类未婚者的存在从未被"发现"过。我在该书中命名的"单身寄生族"一词由此开始成为流行语,代表这批生活宽裕的年轻人。

---

① 日文为宫本みち子。

大多数单身寄生族实际上认为自己"迟早会结婚的",自己终归会像父母那样结婚,经营着自己的小家庭,生活独立、宽裕,到40岁前后应该会生两个孩子。1999年20岁左右的群体到2017年已经40岁左右了,正在成为所谓的"40岁世代",现实是什么样的呢?

总务省统计研修所的西文彦每年统计与父母同住的未婚者人数以及他们的就业状态(图表2)。根据这个图表,"35~44岁、与父母同住的未婚者"逐年增加,2015年时已达到308万人的规模(2016年减至288万人)。

图表2 中年单身寄生族(35~44岁、与父母同住的未婚者)的推移

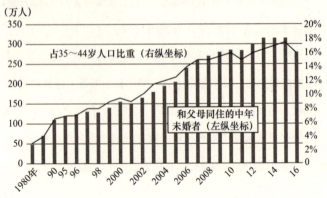

[注] 各年9月(全国)的数值
[出处] 西文彦《和父母同住的年轻未婚群体的近况(2016)》

当然，并不是所有的单身寄生族都不结婚、一直和父母住在一起。不管是女性还是男性，都有不少人摆脱了单身寄生族的身份，按照预定计划结婚、组建家庭。不过，并不是全都能这样。

这些和父母同住的40岁世代约有300万人，我将其称为"中年单身寄生族"。那么，为什么他们无法实现自己的愿望，无法从父母身边独立出来呢？通过观察研究这一群体，我发现了如今日本社会全体成员都在进行"避免下坠的竞争"。随着这一现状越来越严峻，"避免下坠的竞争"也就愈加鲜明地呈现了出来。

中年单身寄生族有三四成处于非正规雇用或失业状态

目前，在经济上不得不依靠父母养老金生活的40岁左右的人正在增多，并且停在"高位上"。根据前面提到的西文彦的调查，中年单身寄生族约一成处于失业状态，有两到三成处于非正规雇用状态。男性由于收入不稳定，很难找到结婚对象，也就一直单身；女性原本未婚的时候就很少有人是正式员工，多数是以家庭帮手的身份走进家庭的。而且，单身寄生族的失业率比非单身寄生族（夫妇家庭、单身者）要高出许多，非正规雇用的比例也非常高。出于各式各样的理由依赖父母养老金生活的人达到了全体中年单身寄生族的三到四成。

我在《单身寄生族的时代》一书中提及的20岁左右的男女，大多数是公司的正式员工。该书曾预测"将来，由于要看护（老年人）等原因不得不放弃工作的人将会不断增多"，实际上我的预测正在以"看护离职"的形式而逐渐变为现实。

此外，该书也指出，"当父母百年之后，这些人该如何生存下去，实在令人担忧"。近年来，和父母同住的未婚群体在父母去世后无法生存，子女在父母去世后依然非法领取父母养老金等事件频发。本来想的是怎么消除这些担忧，可现实却愈加严峻了。

我在书中用"温水煮青蛙"的比喻对这一现象进行了诘问："现在20岁左右的年轻人为了逃避自立和结婚带来的艰辛而和父母住在一起，维持无忧无虑的生活，如同是浸在'温水'里生活的青蛙，但温水总归是要逐渐冷却的，当温水变成'冷水'之后，又该怎么办呢？"

我当初的警告完全变成了现实。由于老年人的护理、死亡等问题，现在的年轻人即便有工作，家庭生活的"温水"也将完全冷却，变得和外部的水一般，或者变得比外部的水更冰冷。

那么，中年单身寄生族的心理层面又是怎样的呢？20世纪90年代时，当时大多数20岁左右的年轻人（1970~1979年出生）经历了90年代前半期的泡沫经济崩溃后长大成人。泡沫经济崩溃导致日本国内经济不断恶化，但当时泡沫经济尚未完全消退，消费也比现在旺盛，他们中的不少人经常和朋友出国旅游。但20年后的今天，逐渐步入中年并结了婚的群体与那些未婚的中年单身寄生族之间，生活状况相去甚远。

根据东京大学社会科学研究所教授、经济学家玄田有史所著的《孤立无业（SNEP）》（2013年，日本经济新闻出版社）一书，目前"不和父母之外的人说话"的40岁左右的男女正在增多。玄田调查了20岁以上59岁以下的未婚无业者，将"既无工作也不和人交流的人"命名为"SNEP"。读这本书你可窥见那些被社会孤立的中年单身寄生族的生活状态。

实际上，我在《单身寄生族的时代》中已经指出，当与自己同住的父母逝世之后，即使经济上还过得下去，但对于之前从没有一个人生活过的人来说，"身边没有人生伴侣和子女,一定会感到孤独无比"。的确,现实中这类人正在增多。

我在书中写道:"单身寄生族是日本社会停滞的象征……和父母住在一起的群体表面看上去出手阔绰,消费奢侈,但这种宽裕不过是以不结婚生子为代价换取的,其结果将导致少子老龄化,即便日本社会在短期内经济可能会显露景气,但未来经济发展恐怕是会停滞的。"我对当时的社会怀着这种担忧。没想到一语成谶,社会果真如我所担心的那般发展着。

20世纪90年代是失去的10年,延续到21世纪是失去的15年、20年,日本的经济实力与其他国家相比一直在下降。目前已在经济规模上被中国超越(根据IMF的数据,日本2014年的名义GDP是4.8487万亿美元,而中国是10.5345万亿美元)。在人均GDP上,日本虽然比中国内地高,但已被新加坡和中国香港超越。而反映物价水平差异的购买力平价换算成GDP也被中国台湾超越了(图表3)。

我无意说这一结局是单身寄生族造成的,但孕育出单身寄生族的日本社会正好在这25年间不仅出现了少子老龄化,还导致了社会经济的停滞。换言之,社会情势更加恶化了。

对那些从1990年开始与父母住在一起的未婚群体的调查和研究应验了我们不想看到的结果。在《单身寄生族的时代》

图表3 亚洲部分国家和地区的 GDP 比较（单位：美元）

	人均购买力平价换算 GDP		人均名义 GDP	
	1985年	2014年	1985年	2014年
日本	13520	39364	11598	38143
新加坡	14015	84594	6783	56338
中国香港	10602	55429	6437	40186
中国台湾	5834	46193	3295	22639
韩国	4116	35211	2458	27811
中国大陆	619	13327	295	7702

［注］小数点以后四舍五入
［出处］IMF

一书中，我曾对实现劳动和家族以及年轻人的社会保障的理想状态提出了根本性的改革方案和建言，这应该是遏制单身寄生族的消极面、逆转少子化现象、激活经济的关键所在。可结果我们还是疏忽了日本社会整体的结构改革。

总之，难道不是我们将日本社会的负面因素强加给了单身寄生族吗？而且，现在的中年单身寄生族站在"避免下坠的竞争"的最前端，这难道不是极端讽刺、十分不幸的现实吗？

为什么会造成这种局面呢？我决定暂且重返单身寄生族被"发现"的时代重新思考。

第二章 单身寄生族被发现的时代

泡沫经济的崩溃

"单身寄生族"是在20世纪90年代前半期被发现的,也就是所谓的"泡沫经济崩溃"时期。毋庸置疑,在经济尚未崩溃的1990年前后,泡沫经济达到顶点时,"泡沫"这个词语还没有诞生。人们都认为当时经济发展的良好势头会"永远持续下去"。也就是说,自战后经济高速发展以来,经过20世纪70年代的石油危机,经济增长速度虽有些微下降,但正如20世纪80年代的 *Japan as No.1*(《日本名列第一》,傅高义,1979年)里所描述的那样,"日本的经济若是像这样不断高速增长下去,毋庸置疑,无论是年轻人还是中年人抑或老年人,生活都将逐渐变得宽裕起来"。

但泡沫经济崩溃了。一般我们将1992~1993年定义为"泡沫经济崩溃之年"。

在此之前人们对经济一直持乐观态度。正如我近年在《希望格差社会》和《"家族"难民——终身未婚率25%社会的冲击》(2014年,朝日新闻出版)等著作中所指出的,即使对于格差问题和结婚问题,大多数人也都持乐观态度。即便包括我在内的社会学专家,探讨的都是当今社会年轻人的结婚年龄推迟这一现象,"不想结婚的人正在增多"这类判断被反复提及。

如今"想结婚但结不了婚"的人占大多数。虽然大众的观念也在变化,但当时"想享受单身生活所以没有结婚"这一社会风潮曾盛行一时。现在的40岁世代在当时正值青春年少(图表4)。

图表4 同期人群年龄表

	泡沫崩溃 (1992年)	亚洲金融危机 (1997年)	雷曼风暴 (2008年)	现在 (2017年)
1970~1974年出生	22~18岁	27~23岁	38~34岁	47~43岁
1975~1979年出生	17~13岁	22~18岁	33~29岁	42~38岁
1980~1984年出生	12~8岁	17~13岁	28~24岁	37~33岁
1985~1989年出生	7~3岁	12~8岁	23~19岁	32~28岁

在这种情况下,我和其他一些学者开始就未婚年轻人的经济状况展开调查,并将其作为家计经济研究所的项目。

少子化元年

当时还是多多少少存在一些令人担心的状况。1990年可以说是"少子化元年"。

1990年,少子化还没有变得像现在这么尽人皆知,"1.57冲击"一词是由当时的厚生省人口问题研究所(现在的国立社会保障·人口问题研究所)提出的。1989年的总和出生率(每个女性一生生育孩子的平均数)为1.57,低于战后出生率最低的年份,即由于迷信而选择不生小孩的丙午年(1996年)的出生率。因此,出现了"1.57冲击"一词。

紧接着,1992年经济企划厅公布的《国民生活白皮书》以"少子社会的到来"为标题。白皮书写道:"欧美的少子化在日本开始出现。"首次敲响警钟的虽是《国民生活白皮书》,可实际上1990年、1991年前后是泡沫经济的顶峰期,同时该时期也被称为"少子化元年"。

对于少子化现象出现的原因,当时"由于结婚年龄推迟带来了少子化问题"这一推论十分盛行。社会上针对"年轻人为什么不结婚"这一问题的答案更是各种各样。多数人接受了"因为想要工作的女性不想结婚"这个说法。正是在这一情况下,我参与了前文所说的研究项目,开始着手研究"未婚青年亲子的代际关系"。

自由职业者的登场

此外，1990年还出现了另外一种现象，即"自由职业者"一词的流行。"自由职业者"一词本身是由招聘公司出于自身发展考虑而生造的词。

当时的劳动力市场是卖方市场，经济十分景气。"就业难"现象根本不存在，反倒是企业因人手不足而破产的案例屡见不鲜。企业为了留住内定就职的人而对其加以各种限制，带领尚在其他公司任职的内定人员去国外旅行。这些事放到今天完全无法想象，这样的卖方市场一直持续到泡沫经济崩溃前夕。

当时出现了一些明明能当一名正式员工，由于想要做自己想做的事，"硬是"打零工、不去内定企业报到的应届大学生。例如"想要当一名公职人员"，想找一份自己想做的工作。这些人逐渐被称为自由职业者（自由打工者）。"フリー"是英语（free），"アルバイト"是德语（Arbeit）。虽说无法真正将这两个词语复合在一起，但是可以将正在作为和制外来语使用的"フリーアルバイター"一词进行缩写，于是创造了"フリーター"（自由职业者）一词，并逐渐流行开来。

当时的单身寄生族

当时的日本经济十分景气,就业状况良好。我们的研究团队实际上是从20世纪90年代前半期开始着手调查"单身群体是如何生活的"这一课题的,在此基础上,我发明了"单身寄生族"这一名词。

当时按照西欧和美国的单身概念,日本的单身者也被认为是独立生活的人。的确,日本经济高度增长时期,在企业集团就职的年轻人大多来自地方,他们大量涌入首都圈、大阪圈和中京圈等区域,因此,独立生活的单身群体占比非常大。大约到了1990年的时候,这些人大多在首都圈或大阪圈等地的城市中结婚生子,且子女长大成人的家庭越来越多。换句话说,从经济高速增长期结束的20世纪70年代开始,在城市出生、长大的年轻人开始增多。这些年轻人大多考进当地的学校读大学或进入当地公司工作,故而在未婚群体中,和父母住在一起的比例在1990年前后大幅增加。1990年前后,在20多岁的未婚群体中,有六成男性和八成女性都是和父母住在一起的。这些和父母住在一起的未婚年轻人简直就像寄生于父母身上,用"单身寄生族"(初次出现于1997年,日本经济新闻）这个词描绘他们十分形象。

当时，前面所说的"自由职业者"这个词虽已出现，但无论男女，大多数人都是正式社员。即便有些人是自由打工者，但相对来说当时开销还是比较高的。例如，新生银行的调查显示，现在（21世纪第一个10年）上班族平均每个月的零花钱为3万多日元，而当时（20世纪90年代前半期）约为7万日元，是现在的两倍多。图表5上虽然是1998年的数据，但是从中我们也能看出，当时的时代还是比较宽裕的，即使结了婚的人在经济上也是如此。

当时"单身寄生族"的父母大多50多岁，他们多数是在经济高速增长时期长大成人并进企业工作的，凭借年功序列和终身雇用制度，收入不断增加，生活非常安定；而在1992～1993年泡沫经济崩溃之前，其子女一代也基本上都是公司的正式员工，收入也很可观。即便是新员工，奖金有时候也会达到50万日元，甚至是100万日元。

图表6是1995年的数据，从中我们可以看到，当时的单身女白领普遍拥有很多高级奢侈品。近年来，若提起"爆买"一词，大家肯定就会想起中国人。那个时候的日本人虽不能说是全部但总体来说还是有购买奢侈品的经济能力的。例如，

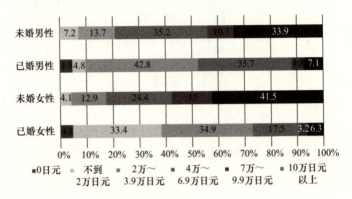

图表5 已参加工作的未婚者和已婚者的零花钱对比（1998年）

[注] 29周岁以内住在首都圈的社会群体
[出处] 日经产业消费研究所

去国外旅行的话，女性会购买不少奢侈品，男性则会入手一些高级手表和汽车。

大概是这批年轻人不想失去宽裕的生活，才迟迟不想结婚的吧。因此，我将单身寄生族归为导致少子化的一个原因。我本无意过分强调他们的"宽裕"，他们只不过是有幸得到父母的庇荫而已。但当时他们的状况的确如字面意思一样。当时，我曾对他们做过一些采访和调查，得到的回答多是"结婚后想要过上比父母更好的生活"。当时还有很多与父母同

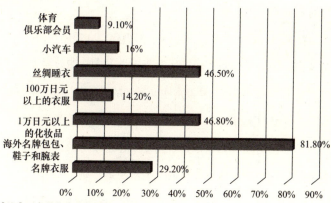

图表6 单身女白领的高奢品持有率(1995年)

[注]对象是住在首都圈的27~37岁的单身女白领
[出处]日经产业消费研究所

住、20多岁的未婚者,眼光高,十分挑剔,说要一直做个坚定的单身寄生族。

《男女雇用机会均等法》1985年制定且于1986年开始实施。当时那些二十五六岁的职业女性大量加入单身寄生族阵营。有很多从事业务工作的女性希望将来事业进一步上升;从事一般事务性工作的女职员也不着急结婚,期望着能够过上有钱人的生活。男性也大多和父母同住,享受着宽裕的生活。无论男女,都一边期待着将来能够有一个属于自己的如同流行的电视剧中所描绘的那种"新型家庭",一边享受着当时的单身生活。

截至20世纪90年代前半叶,都堪称"恋爱潮"的时代,是谈恋爱很兴盛的时代。正如关西大学谷本美穗教授在《恋爱社会学——"游戏"和浪漫主义爱情的变迁》(2008年,青弓社)一书中所指出的,20世纪90年代是对恋爱思考得最为乐观的一个时期。无论是处于恋爱中还是单身的人都抱有一个梦想——"只要遇见理想的恋爱对象就结婚"。相比之下,男生会更积极一些,主动寻找恋爱对象,推动事情发展。

除此之外,还存在"即便谈恋爱也不结婚"的时期。比起结婚,谈恋爱更受欢迎,20世纪90年代前半叶,无论男女,性体验率都在逐年上升。如果这样下去,日本社会也会像欧美各国一样成为"恋爱同居见怪不怪"的社会。

在那个时代,像我这样的学者出版一本与恋爱相关的书是会很畅销的。《单身寄生族的时代》一书中写道:这些年轻人与父母同住,且享受着自己的恋爱生活。正因如此,情人旅馆开始出现。对于这些与父母同住的年轻人来说,要想享受自己的恋爱,情人旅馆的存在是十分必要的。现在大家对恋爱的关注度不断下降。当下的年轻人或许无法想象,但这就是20世纪90年代前半叶日本20来岁年轻人谈恋爱的真实情况。但自泡沫经济崩溃以来，对于自己的工作、恋爱以及结婚等都很挑剔的这批人有了什么变化呢？

当时我们的调查对象是20世纪60年代出生的20岁世代。这批人正是经济评论家荻原博子在《隐形贫困——即使是中流以上阶层也存在生计破产风险》中提到的"由于经历了泡沫经济而无法节俭的隐形贫困世代"。该书出版之际，我听到营销研究学者、庆应义塾大学商学院的清水聪教授说过："总而言之，经历了泡沫经济的40岁和50岁的两代人，他们的消费品位非常好。"（《〈座谈会〉何为"连接"世代的个人？》，《三田评论》2016年6月号）

清水教授说，这一群体从年轻的时候开始就养成了一种习惯，即"非高档品不要，不得已才会买低档品"。泡沫经济时期，正是因为人们在购物和饮食等方面选择品质好的东西，促使当今日本去生产具有美感的商品。相比较，现在的年轻人在消费方式上讲究的是"物美价廉"，把审美放到后面。这种消费方式有时可能也会显得有些愚蠢。我认为日本从"不买档次高的商品就不满足的时代"转变为了"选择性价比消费的时代"。

总之，虽然在泡沫经济巅峰期度过自己年轻时代的 40 岁和 50 岁两代人推动了"酷日本"的进程，但如荻原博子的《隐形贫困》所指出的，这的确是一种报复，"非高档品不买"，即便借钱也要买高档品的中年人在不断增加。

埋下"格差的种子"的时代

在对当时 20 岁世代未婚者（也包括单身寄生族以外的人）的调查中，1960~1965 年出生的人当时恰好 25~29 岁，他们是讴歌青春时代泡沫经济的一代。然而，到了 1990 年的时候，这批人中男性的未婚率是 65.1%，女性的未婚率是 40.4%。到 2010 年，这群人已经 45~49 岁，男性的未婚率依然高达 22.5%，女性的未婚率是 12.6%。也就是说，在 1990 年那些 25~29 岁的未婚者中，虽然三分之二的男女已经结婚了，但仍有三分之一未婚。顺便说一下，1990 年 35~39 岁群体中未婚的比例更高，这些人即使到了 2010 年已 55~59 岁了，但大多数人依然没有结婚。当时 35~39 岁的人是怎么想的暂且不论，25~29 岁年龄段的人，正如之前反复提到的那样，大都想的是反正将来是要结婚的，可还是有三分之一的人没有结婚。这一比例颇有些意味。

这批人正好是现在的中年单身寄生族的先驱。

虽说经历了泡沫经济崩溃和少子化元年,但截至20世纪90年代前半叶,日本社会总体上来看还是一个具有高度"整齐划一性"的社会。虽然出现了自由职业者,但自由职业者也可作为公司的正式员工再就业。因为劳动市场一片繁荣,所以人们即便从目前的公司离职也能很容易地在其他公司找到工作,成为正式员工。若是有朋友的介绍,换工作就更容易了。这和现在的情形大相径庭。现在的日本社会,一旦从原来的公司离职,就很难找到正式员工的职位。

在20世纪90年代前半叶虽然存在自由职业者,但他们随时能够成为正式员工。同时虽然也有人没结婚,但只要参加相亲就能很快结婚。即便这与现实情况多少有些出入,但潜意识里,男性"想成为正式员工的话应该是可以成功转正的",女性"想要结婚的话也是可以结婚的"。也就是说,他们都是有"希望的"。那么,现实情况是怎样的呢?如前所述,本以为能结婚但实际并没有的人大概占三分之一,随时都能转正为正式员工但实际上非正式员工的人数也在不断增多。总而言之,当时的年轻人看起来彼此没有什么差别,但让他们产生差距的元凶在那个时候就已经存在了。

现在，他们也许会觉得，"那个时候要是结了婚的话，那个时候要是没辞职的话，现在应该会有所不同吧"，会有些后悔也说不定，正如2017年被翻拍成电视剧的漫画——《东京白日梦女》（东村明子，讲谈社）所描绘的世界，可一直到20世纪90年代前半叶，大家还都没有意识到这一点。无论我本人还是一众研究者都被"大家都一样"这种整齐划一性遮蔽了双眼，没有预测到今天的"格差扩大"和"阶层固化"现象。

但1990年也就是所谓播下"格差的种子"的时期。这可以说正是避免下坠的竞争的萌芽时期。第三章我将会详细地进行分析。

第三章 置身于多样性和风险中的年轻人

生命周期的"共时多样性"和"历时多样性"

从1990年到现在，在超过25年的时间里，年轻人的生命周期发生了巨大的变化，呈现出"多样性"的特征。上一章末尾我们说到了"格差的种子"，所谓多样性应该说是这一种子里出人意料地生长出的枝叶。

生命周期的多样性可分为"共时多样性"（横向多样性）和"历时多样性"（纵向多样性）两大类。前者指的是某一时点上，各式各样的家庭模式和就业模式混杂在一起的社会整体状况，而后者指的是同一人所经历的各式各样家庭和就业模式的多样性。

我们来看看家庭模式的共时多样性。

将家庭模式粗略进行分类的话，大体可分为已婚、未婚、离婚、丧偶四种类型。其中，已婚人数在减少，未婚和离婚人数在增加，丧偶人数基本没有太大变化。这就是1990年至今日本家庭模式的基本变化状况。

图表7是35~39岁和40~44岁人员未婚率的变化曲线。通过图表我们可以看出，以1980年为分界点，男性的未婚率

开始上升，而以1990年为分界点，女性的离婚率开始上升。在现在的"40岁世代"中大约有三成的男性和两成的女性处于未婚状态。

图表7　未婚率的变化

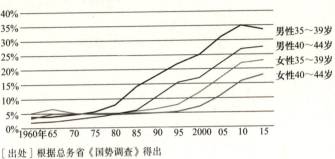

[出处] 根据总务省《国势调查》得出

同样，离婚率也在逐年上升（图表8）。

此外，未婚率和离婚率不仅仅在上升，其本身也在逐渐呈现多样性。即便都是未婚的情况下，是和父母住在一起，还是和某人同居？是和别人合租一套公寓，还是自己单独租房？居住形态各式各样。已婚的话，单身赴任就不必说了，近年来出现了婚后夫妻不住在一起的形式，所以有的人有可能是结了婚依然和他原来的家庭成员一起住。即便是离

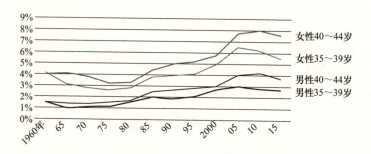

图表8 离婚率的变化

[出处] 据总务省《国势调查》得出

婚了，有没有孩子？是否和父母住在一起？这些方面都存在诸多差异。换句话说，当今日本的家庭模式形态各异、复杂多样。

就业模式也存在共时多样性的现象。在过去，男性一般都是正式员工（包括公务员）或继承家族的自营业。未婚女性一般会努力成为正式员工，若是已婚，则觉得做临时工或者做专职主妇比较好。而现在，无论男女，他们的就业模式都是复杂多样的。

由此，多样性的就业模式和家庭模式组合在一起，迎来了家庭模式复杂多样的时代。有夫妻二人都是正式员工的家庭,也有靠打零工维持生计的单亲母亲家庭,抑或有单身自由职业者家庭。

关于历时多样性,正如上文所述,在同一个人身上往往会前后经历各式各样的家庭和就业模式。2000年左右的时候,我曾对有离婚经历的群体进行采访,遇到这样一个例子,是一位超过35岁的女性。

她婚前大约30岁之前一直和父母住在一起,但自决定结婚到登记结婚的几个月,她从家里搬出来独自生活。婚后和丈夫住在一起,之后生了一个孩子。但就在举行婚礼前夕,她丈夫被单位辞退,成了失业人员,而她也因为生孩子找不到工作。最终走投无路选择了离婚,带着孩子回到娘家和父母同住,成了与父母同住的单亲家庭。之后,她通过不断的努力,找到工作并搬出父母家,一个人带着孩子生活。接着又交了新男友,之后打算再婚,两个人也开始同居。这是我当时采访她的时候的情况。她虽然还没有再婚,不过再婚之后将会组建一个新的"重组家庭"。她在将近3年的时间里,经历了多种家庭模式。正如这一事例所呈现的,从1990年开始,无论男女,越来越多的人在短期内经历了各式各样的家庭模式。这类事例我们可以称之为历时多样性。

多样性之前的生命周期

那么,多样性之前的生命周期是怎样的呢?截至1990年前后,"标准家庭"的营造和维持还是比较容易做到的,主要是"女主内,男主外",这种性别分工模式可以营造一种宽裕的生活。如前所述,宽裕的生活指的是拥有自己的住房和各种家电用品等,用中流生活来解释可能比较容易理解。尽管年轻的时候可能一下子达不到这个标准,但将来拥有自己的房子和汽车、有能力购买各种最新家庭电器、把孩子送进大学深造、全家人去度假和休闲这种中产阶级的生活方式还是可以实现的。

1980年前后长大成人的年轻人在30岁前会陆续结婚生子,也买得起家用电器和汽车,到40岁的时候买得起房子,到了50岁的时候其子女也开始读高中和大学,父母负担孩子的教育费,他的人生轨迹差不多就是这样按照一个生命周期来运行的。

说到家庭模式,几乎每个人都是按照这样的生命周期来度过一生的。

多样性之前生命周期的前提

我们来看就业模式,在多样性之前的生命周期也就是标准家庭建构的前提是,截至20世纪90年代都是每个年轻人只要努力都能成为正式员工的时代。男性从学校毕业后会进入公司成为正式员工,或者成为正式的公务员,抑或是继承家族企业,总之大家的收入都很稳定,且稳步增长。女性婚前若是公司的正式员工,大多数会和一位正式员工或者继承家族企业的男性结婚。她们认为,只要是与正式员工或家族企业继承人结婚,生活就能够得到保障,一生都会过着宽裕的生活。正因如此,大家在结婚之后都能安心地生儿育女。那是一个大多数民众都能够过上宽裕生活的时代。

以多样性名义开启的差距扩大,即风险性

接下来,从1990年开始,家庭模式和就业模式都开始趋向多样。自1995年以后,可以说这种变化尤为明显。

从前文所述的"共时多样性"来看,无论男女,非正规雇用的现象都在不断增加。就雇用形态来说,合同制员工、派遣制员工、零工、临时工等非正规雇用形式不断增多。由此就业模式变得多样,同时,家庭模式也开始出现多样性。不结婚以及离婚人数开始逐年上升。

我们来看一下"雇用者"中正规雇用人数以及非正规雇用人数的变化(图表9)。1995年的时候,除了失业人员,25~34岁的男性劳动者中,97%都是正规雇用,但到了2014年,该年龄层的男性非正规雇用比例已达16.9%。女性更甚,25~34岁这一年龄段的人在1995年非正规雇用仅占比25.8%,而到了2014年已高达42.1%。

仅从未婚者来看的话(根据"国立社会保障·人口问题研究所"的《出生动向基本调查》),1992年的时候,男性25岁以后基本都能成为正式员工,很少失业。但到了2010年,正式员工只有不到六成,30多岁的失业率超过一成之多。女性的非正规雇用情况则更为严重。

研究家庭模式的共时多样性应该把目光聚焦于未婚群体和离婚群体的增多上。国土交通省依据国势调查做成的数据(图表10)显示,以35~39岁这一年龄段为例,1995年,他

图表9 "雇用者"中正规雇用与非正规雇用人数的变化

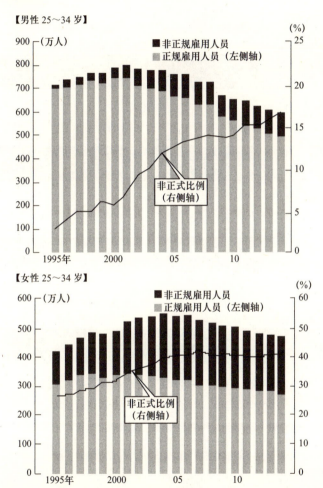

[出处] 财务省基于总务省《劳动力调查》制成

图表10 35～39岁的配偶关系以及与父母的同居状况

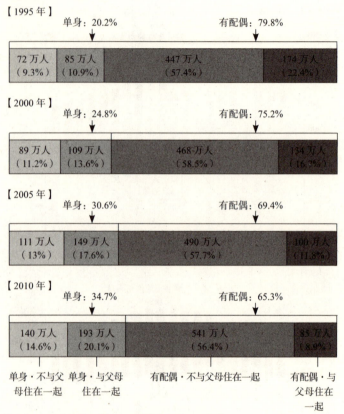

[注] 1. "单身"是"未婚""丧偶""分手"的合计
　　 2. 除去配偶关系不详的人和无法判断是否和父母住在一起的人之外的比例
[出处] 国土交通省根据总务省《国势调查》作成，来自《平成24年度国土交通白皮书》

们中的 79.8% 有配偶，但到 2010 年，拥有配偶的概率大为降低，仅有 65.3%。总之，1995 年以后，无论是在工作层面还是家庭层面，能够维持以前水准的人明显大幅减少。

虽然看上去多样了，但实际上导致了差距的扩大。多样性听上去感觉像是"自我选择的结果"，诚然，1990 年的时候，无论是未婚人士还是自由职业者都常常表示"是我自己不想结婚""我想做一名自由职业者"，包括接受媒体的采访时这种回答也是屡见不鲜。但从以后的实际情况来看，未婚人数和非正规雇用人数是不断增加的，那么，只能说是"想结婚却结不了""想成为正式员工却无法转正"，形势变得复杂多样了。这种不是基于选择而是由不得已带来的多样性，实际上等同于"风险"，即在家庭和工作两大领域内出现的危机。

最近，"黑心企业"这个词也常常被用来指针对企业的正式员工的场合，新闻也频频曝光了一些企业给正式员工开很低的薪水却让其长时间超负荷工作，这也显示了社会领域的风险。

多样性始于 20 世纪 90 年代

多样性是从 20 世纪 90 年代那批年轻人开始的。反过来说，当时30岁以上的人，也就是20世纪60年代前半叶以前出生的人，大多数遵循标准家庭的生命周期过日子。也就是说，因为风险尚未出现，大家的生活过得还比较安稳。根据三浦展的《东京从郊外开始消逝！——首都圈的老龄化、未婚化、空宅化地图》（2012年，光文社新书）所指出的，20世纪70年代出生的"团块次代"开始出现多样性特征。三浦在书中阐述道，从主要居住在郊外的那些"团块次代"中年以后的居住地来看，确实是情况各异。一些人在结婚之后离开原生家庭，也有不少40岁世代的居住地没有变化，也就是说依然住在他们父母家。和父母一起生活的"团块次代"主要居住在郊外，且多数住在东京郊外的东半部，特别是东京的东北部以及千叶和琦玉，这些和父母共同生活的人未婚率高达20%。离开家独立生活的人因为经济比较宽裕，大多住在市中心。与父母同住的"团块次代"在20世纪90年代的时候大都20多岁，正好和我之前所说的"单身寄生族"相吻合。

自20世纪70年代出生的"团块次代"开始，生命周期多样性的影响力逐渐增强。下一章我将详细展开论述。对于"团块次代"中20世纪90年代后半期开始求职的人来说，由于稍早之前泡沫经济的崩溃,他们是最早遭遇到被称为"求职冰河期"的一代。

在20世纪90年代中期之前结婚以及成为正式员工的人,基本上过着安逸的生活。但对于20世纪90年代中期以后,伴随自由职业者、未婚化、少子化这些词语诞生而成年的人来说,多样性和风险性非常显著。也就是说,出现了两种"团块次代",即继续沿着既有人生轨迹生活的"团块次代"与不再走那条人生老路的"团块次代"。这就是风险性和差距化。

作为父母的"团块世代"之间也出现了差距,他们中间,有的人的子女成为正式员工,或是和正式员工结婚从而过着安稳的生活,也有的人的子女没有结婚、从事非正规就业,需要父母的帮衬。兄弟姐妹之间也产生了差距,例如,哥哥生活独立,可弟弟却生存艰难;姐姐和高收入的人结了婚,而妹妹却迟迟嫁不出去。

社会学家平山亮以及写实文学作家古川雅子共著的《兄弟姐妹的危机——将来谁来照顾没有工作的弟弟和未婚的姐姐?》(2016年,朝日新书)一书中论述的情形印证了"团块次代"之间出现差距的问题。

关键问题是，日本社会的就业差距和家庭差距非常容易固化。此外，再加上杠杆的作用就更严峻了。换句话说，就业模式和家庭模式并不是没有关联的，尤其是对男性而言。由于双方存在关联性，那些作为正式员工就职的男性更容易结婚，而那些非正规雇用者以及无业人员则很难结婚。而且，即使是结婚之后夫妇都是双职工，高收入夫妇与低收入夫妇之间的生活状态也有天壤之别。

从20世纪90年代的年轻一代开始，日本社会逐渐产生各式各样的差距，而且这些差距逐渐固化，并影响到其他领域。对此，我将其命名为"希望格差社会"，在2004年出版的同名著作中对此进行了详细的阐述。我们是从横向来看20世纪90年代的多样性（共时多样性）的，实际上这也是一种风险。

无法事前预测的风险

风险原本指的是"事前无法预测"的一种状态，对本人来说也就是只知道它有一定的概率，即自己将来能否结婚、能否成为正式员工，这些都不是自己预先能决定的事，而是概率决定的。

对于大学毕业生来说，被正规雇用的概率很高；若是初中或者高中毕业生，是大概率地无法成为正式员工的。但即便是初中和高中毕业，其中也有一些人能够成为正式员工，大学没有毕业的人也有可能成为正式员工。结婚也是如此，你能不能结婚根本无法预测。离婚也如此，大概没有人在结婚的时候就能够预测到自己将来会离婚吧。离婚通常伴随风险。将来会发生什么事？将来会不会离婚？这些事情在结婚的时候是无法预料的。例如，即便和收入稳定的男性结婚而成为专职主妇，婚后丈夫也会有失业或者是收入减少的风险。

我讲一下一位友人的故事。她的丈夫在日本长期信用银行工作，大家都觉得她的生活很安稳。但长期信用银行由于经营不善，导致她的丈夫在1998年被裁员了。如果她丈夫当时是在日本兴业银行（现在的瑞穗银行）工作的话就会平安无事。她只是因为偶然和一个在长期信用银行工作的人结婚而吃了丈夫失业的苦头。对她丈夫来说也一样，就业的时候要是去了兴业银行或是别的银行就不会被解雇了。媒体报道的陷于经营困境的东芝和夏普的技术人员可能也会说："当时为啥就没去索尼或者松下工作呢？"然而刚就职的时候，谁也无法预测后来发生的事。在企业的经营危机到来之前，一切都无法预料。这就是概率，也是"风险社会"的本质。

那么，风险的本质究竟是什么呢？无法成为正式员工的风险、不得不辞掉正式员工的风险、结不了婚的风险、离婚的风险，从专职主妇的角度来说，有丈夫失业的风险、丈夫收入下降的风险、与低收入男性结婚的风险。1990年以后，各式各样的风险愈加显著，而且正是这些风险成为有些人坠落到下游阶层的契机。反过来说，20世纪90年代以前，对于成为正式员工以及他们的家人来说，基本上是感受不到这种风险的，他们能够过上他们的中流生活。

"向下流动"的风险

那么，这里所言的风险到底意味着什么？大概和"将来无法过上和大伙儿一样的生活"意思差不多。大伙儿的生活就是前文所说的"中流生活"。人们拼命想要避免从中流社会坠落下来，所以我们将这种坠落的可能性称为风险。也就是说，在某个时点上，对于正在过着和大伙儿一样生活的人来说，在"世代间"和"世代内"存在"向下流动（从中流生活坠落）"的风险。

"世代间向下流动"的风险指的是，自己将无法过上父母曾经拥有的中流生活，而"世代内向下移动"的风险则指的是现在所拥有的中流生活将来无法继续维持下去。

再重申一下，中流生活是指30多岁的时候买得起汽车以及一般家庭都有的各种家电产品，到了40岁前后能拥有一套房子，有子女的话则有能力资助他接受高等教育，此外还能时不时带家人去休闲、娱乐。若是这些条件中有一两条实现不了，就是我所说的向下流动。也就是说，20世纪90年代以前的年轻人，基本上没有经历过这种向下流动，等他们老了，多数也能依靠养老金维持自己的中流生活。然而对于那些20世纪90年代以后长大成人的年轻人来说，将来还能不能继续维持他们的中流生活，其实是存在很大风险的。

日本式风险社会是难以避免的

呈现了20世纪90年代之后长大成人的年轻人身上的风险的社会，我们称之为"日本式风险社会"，它具有日本社会的特征。直言不讳地说，"日本式"指的是"单向流动"的社会阶层流动。以就业来说,因为日本社会存在着"应届毕业生整体录用""年功序列惯例"现象,一旦脱离正式员工、正规职员的队伍,再想回去是非常困难的。对应届毕业生最重要的是,能否成为正式员工,能否一直不被解雇。从最开始就没能跟上队伍或者落伍的,是很难再从头开始的。这事无关性别,但在女性身上表现得更为显著。

结婚也如此,尤其是女性,一旦结婚后离婚了,就无法找到比前夫经济条件更好的再婚对象。女性的再婚率比男性低,因为结婚之后虽说可以过上中流生活,可一旦离婚,就有可能从中流生活坠落下来,即便再婚,要想找到比前夫经济条件更好的男性,可能性也非常低。

极度厌恶多样性和风险的当代日本人

日本人是非常厌恶多样性和风险的,其社会背景大概是日本人执念于过一种和大多数人生活水平差不多的生活。在日本社会,体面、门面和面子是非常重要的行为驱动因素。经济评论家荻原博子在《隐形贫困》一书中列举过一个专职主妇的例子。从外表看,一家人过着中流生活,但实际上是强撑"面子",该主妇甚至不惜贷款去维持现有生活。丈夫的收入若是不断增加,妻子则会在收入不断增加的前提下持家理财,但丈夫收入若是减少了,妻子便会通过借贷的方式来填补家用。荻原所提出的"隐形贫困"指的就是为了维持中流生活不惜贷款,最终导致家庭经济破产。荻原认为,要规避这种导致家庭经济破产的风险,就要按照实际情况安排生活,降低中流生活的标准。荻原认为,当今的中流生活与经济高速增长时期的中流生活是不同的,从中流生活坠落下去的人自然而然会逐渐失去中流意识。因此,必须在家庭经济破产之前降低中流生活的标准。

把体面、门面和面子等作为日本人行为标准而凸显出来应该并不是很久以前的事。

战后,由于经济高速增长而创造了"一亿总中流",即"所有的人都是中产阶级,自己和大伙儿都是一样的"。由于人们都抱有这样的观念,从而个人的自尊心得到了满足。反过来,人们将周围那些过不上中流生活的人视为傻瓜,或者说他们"有病""可怜至极"等,这在某种程度上是一种歧视。

即便当今日本社会也同样如此。自己是中流,过着和大伙儿一样的生活是非常重要的。而那些无法过上中流生活的人则有着非常强烈的"羞耻心"。即便在今天,"没有能力为孩子购买高档双肩书包"等留言还是会在网上成为热门话题。也就是说,维持不了中流生活对于大部分日本人来说依然让他们感到非常羞耻。

认为和大家过的生活差不多就是和大家一样,觉得自己就是中流阶层了,维持这种中流生活对日本人来说是至高无上的。正因如此,"朝向底层的竞争"即拼命避免坠落到下层的竞争极为激烈,很多年轻人为了"就业活动""结婚活动"而拼尽全力。

在就业活动中,很多学生为了能够在应届毕业的时候找到一份满意的工作,让自己将来能够过上中流生活,拼命规避哪怕一丁点儿风险,导致就业活动的竞争异常激烈。结婚活动也同样,很多女性认为,为了不降低生活水平,必须抓住一个经济收入稳定的男性结婚。"就业活动"和"结婚活动"可以说是尽可能不去冒险的"年轻人的保守化"的一种象征。

风险是有大概率的,因此就要向安稳的方向努力。不可能全体都达到平均分以上,一旦受挫就再也无法挽回。正因为大家对这一切心知肚明,现在的日本年轻人才逐渐变得保守。对此，我在《为什么年轻人变得保守化了？——希望持续被掠夺的日本社会的真相》（2015年，朝日文库）一书中进行了详细的阐述。

规避向下流动风险的未婚化和少子化

实际上，"未婚化"和"少子化"现象出现的背景是将维持中流生活作为人生至高目标的"社会意识"，是一种规避向下流动风险的行为。

女性如果无法和收入稳定的男性结婚，生活水平就会"比父母一代低"，会经历世代间的向下流动。也就是说，一旦结婚，就会陷入无法维持婚前生活水平的状态。因此，如果对象不是高收入的男性，她们就不结婚。但随着非正规雇用人数越来越多，在工资迟迟无法上涨的经济状况下，高收入男性越来越少。从大概率上来说，能够让女性婚后也保持婚前生活水平的男性人数在不断减少。这才是未婚化的真正缘由。

孩子也在不断减少。若是要负担2个或3个孩子的学费，那么自己的生活就会大打折扣，对此觉得无法承受，故而选择只生一个孩子或者不要孩子。可以说未婚化和少子化正是为规避从中流坠落的风险的一种行为。也正因如此,一人独自生活或者同居生活的年轻人没怎么增加,继续和父母住在一起以维持目前中流生活的单身寄生族不见减少。

如前所述,在20世纪90年代前半期所称的"多样性",自90年代后半期开始变成了"风险"。也就是说,从这个时期开始,避免下坠的竞争开始了。

关于原因,我在本章的最后进行以下归纳。

风险的原因之一是经济因素,其次是观念因素。在《希望格差社会》中我曾详细论述过,这里仅做简单说明。经济因素指的是自20世纪90年代开始,以全球化为背景的"新经济"(new economy)向更广的范围蔓延,从工业经济转到服务经济。正如美国克林顿政权时期的劳工部长罗伯特·B.赖克在《胜者的代价》(2002年,东洋经济新报社)中所阐述的:在发达国家,一切领域的劳动被明确划分为"创造性职业"和"简单劳动"两种。也就是说,经济结构发生了极大改变,附加价值高的工作和不再要求熟练度的简单劳动的两极化开始明显。发达国家的企业对于前者雇用正式员工,给予高工资,而对于后者,即简单劳动,则只开出非常低廉的薪水，聘用非正式员工或者外国劳动力。日本不想雇用外国劳动力，所以年轻人的非正规雇用被向前推进了。由此，工资收入的差距开始扩大。

这种经济结构变化是根本原因，不仅在日本，在全世界都有这种倾向。法国经济学家托马斯·皮凯蒂（Thomas Piketty）在《21世纪的资本论》（2014年，Misuzu书房）中指出"资本收益率和经济增长率的差距在不断扩大"；赖克也阐述道，创造性职业和简单劳动的两极化显著是重要原因。

日本的社会制度也是原因之一。日本社会中正式员工和非正规就业者在收入上的差距一直没有得到改善，虽然把不断增加的非正规雇用者称为"派遣员工"和"自由职业者"，却将他们完全排挤到受保护范围之外。正式员工受到保护，而对非正规就业者的保护制度却形同虚设。这就造成了我所说的日本式往下层坠落的风险。

另外一个造成风险性的因素是观念因素。我在本章中间部分进行了阐述，这里再详细地解释一下。作为日本社会特征的体面和面子等意识，使得"虽然想要结婚，但若对方收入不高就不结婚"的人不断增加，从而促使"多样性＝风险"。出于"不是正式员工的话收入会很少，是没有未来的"

这种现状，那些不是正式员工的人（非正规就业者和无业人士）会产生"羞耻心"。由于有了羞耻心也就结不了婚了。这主要是男性的情况。

制度因素造成对格差的放任不管，这或许根本上是因为"羞耻心"的缘故。反之，从另一个侧面也反映了制度层面的问题往往很难被发现。因为觉得羞耻，所以想要隐藏自己的贫困状况，不表现出来，也不说出来，这在某种程度上会妨碍制度改革，听任社会格差的拉大。

前文所述荻原博子介绍的"隐形贫困"人群，正是因这种"羞耻心"而陷入困境的。对于家计收支不做合理的计划，硬是要按照中流的标准生活，从而导致接近破产边缘，甚至不惜靠贷款和借钱来维持现有生活水平，这才是根本问题。如果将此理解为虚荣心或者好面子也可以，不过他们本人是无法正确认识的。这些女性都是在泡沫经济时期成为专职主妇的，她们理所当然地认为丈夫的工资是应该一直上涨的，她们不会认识到已时过境迁。

在日本人的社会意识中，尽管明白社会结构中不可能所有人都达到中产阶级的标准，但即使现在，中流的生活方式依然被当作前提。"观念"与"现实"的鸿沟不断扩大，这也是风险的原因之一。

当然，在经济高速增长时期，羞耻心、虚荣、好面子、体面这些心理也是存在的。不过，那个时代可以说是以经济高速增长为支撑的。"大家一起变富吧"，最终实现了"一亿总中流"。但是，其中包含着能使其实现的经济因素，即那是以新经济以前的"工业经济"为前提的。但到20世纪90年代后半期以后，经济形态变成了划分为"创造性职业"和"简单劳动"的"新经济"，也就是说，"一亿总中流"已经不可能了。但尽管如此，还依然想要维持这种幻想，这就是当今的日本社会。

格差扩大这一问题被提出来已为时不短了。在日本，中流和下游之间的差距扩大尤为严重，而上流的富裕阶层则没什么增加。换言之，问题就变成了：是能维持中流生活还是从中流坠落下去？事实上，差距不断向下扩大。1990年之前的"中上"和"中下"的差距，如今演变成了"中"和"下"的差距。但对于经历过经济高速增长的父母一代来说，不管社会差距怎样变化，他们都处于中流。

例如，你买得起高档车，我只能买经济型车，差距大概只是体现在车的贵贱上。但到了1990年以后的子女一代，就变成了买得起汽车还是买不起汽车的差距。住宅也如此,对父母一辈和年纪再大一些的群体来说,他们之间的差距在于,是在东京23区买一套独栋住宅,还是在郊区买一套公寓。而如今,差距意味着是拥有一套住房还是未来根本没有可能买房子。

向下流动的风险,多表现在父母经济实力偏弱的情况。例如,对饮食店和豆腐铺等小规模自营业者的家庭来说,在父母那一代之前,《大规模小卖店铺立地法》(大店法)等规制放宽政策尚未出台,经营还比较容易。但到了放宽规制后的子女一代,生意便每况愈下。在父母那一代,没有连锁店、大型超市以及便利店,自营业乘着经济高速增长的浪潮发展得顺风顺水,类似"收入的年功序列"在自营业也出现过。但之后继承家业的子女一代,其营业收入已经无法维持中流水平的生活了。

企业工人也一样。20世纪90年代之前他们的生活都比较安稳。如今这些父母一辈的工人已经都70来岁了,他们当时即使学历比较低,也能成为正式员工,买得起房子。当然,父母一代也是存在差距的。原本父母一代的社会差距不大,但到了子女这一代,由于杠杆作用,差距逐渐拉大了。在父母的时代微小到可忽略不计和不甚在意的差距，到子女的时代就变得格外显著了。这种状况可以看作"阶层的固定化"，这个问题约20年前就被提出来了。

对于向下流动，人们总爱说是因"自己的责任"导致的。但如果在一百个人里有一人或两人出现问题的话，可以这么说，而如果整个一百个人中几十个人都出现了问题，"自我责任论"就毫无意义了。靠自身努力仍无法阻止向下流动的群体在不断增加。

此外，在美国诞生了一个一味叫嚣"移民太坏了""自由贸易不好"的总统，出现了"特朗普现象"，这也意味着即使在美国"自我责任论"也不管用了。也可以说美国进入了一个褊狭、偏激的时代，原本美国的社会差距也是非常大的，而且美国文化也认为社会差距是自我责任导致的，从而对社会差距放任不管，但现在这话越来越不能自圆其说。通过国民投票决定的英国脱欧也显示了同样的问题。

在下一章，我们将会详细分析"中年单身寄生族"的现状。

第四章 遭遇「格差」的第一代

始于"团块次代"

首先我要再明确重申一下，本书所说的"40岁世代"指的是截至2017年12月末38～47岁的这一群体，也就是1970～1979年出生的群体。根据定义，它和"团块次代"（一般是指1971～1974年第二次婴儿潮中出生的人，有时候也认为是1975～1979年出生的人）是相互重叠的。也就是说，他们的父母是"团块世代"（1947～1949年第一次婴儿潮中出生的），即人口规模比较大的一代。

1975年前后出生的人口每年增长200万人左右，这一世代约为石油危机前后经济高速增长末期出生的群体。遗憾的是，在1990年前后即泡沫经济时代，尚在读高中和大学的人想着毕业后找什么工作的时候，受泡沫经济崩溃产生的负面影响开始逐渐显著，开始了就业率下滑的"就业冰河期"，他们成了第一代就业备感困难的群体。

他们也可以说是我在前一章详细描述的经历了日本社会多样性即风险的第一代。

与此前的时代相比，1975年前后出生的人，每学年的人数众多,而且由于在泡沫经济崩溃、非正规化雇用浪潮来临的时点就业,他们在离开学校踏入社会的瞬间,尝遍了各种各样的困难。

他们大学毕业时正赶上20世纪90年代后半期的"就业冰河期""亚洲金融危机",所以毕业后没能顺利就业的人数增多了不少。尽管高中毕业的人在稍早几年已经就业,但那时泡沫经济已经结束,一些人顺利地成了正式员工,还有一些人没能成为正式员工,大家都过得很辛苦。

截至1995年,还有相当一部分人被招聘为正式员工,但至此之后,不要说高中毕业生,就连大学毕业生的就业形势都十分严峻。

图表11是完全失业率和有效求职倍率的变化,从中我们可以看到,20世纪90年代雇用形势急剧恶化。

1975年前后出生的人在2004年迎来了"结婚适龄期",对此,《希望格差社会》一书考察了其结婚状况和就业状况,提出这批人是"最明显反映出严峻社会差距的一代人"。

目前,距"结婚适龄期"已经过去了10年之久,1975年前后出生的人,有的依然作为正式员工在工作,有的成为专职主妇在养育子女,有的单身,有的作为非正规就业者"奉

图表 11 完全失业率和有效求职倍率的变化

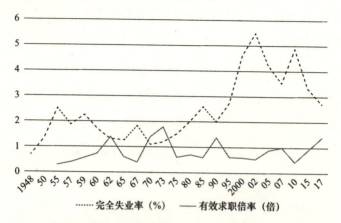

[注] 有效求职倍率在 1962 年以前包含毕业生（初中和高中毕业）的招聘和求职
[出处] 劳动政策研究・研修机构根据总务省"劳动力调查"、厚生劳动省"职业安定业务总计"数据

子成婚"，还有的是单亲家庭。他们的中年生活伴随着各种各样的差距（多样性、风险）。总之，1975 年前后出生的人是最早在家庭和工作两方面都遭遇到"格差"的一代人。

每 3 人中就有 1 人将会以无配偶状态迎接老年

现在处于 40 岁前后的人，即所谓的 40 岁世代，在就业困难的背景下，无论是他们的家庭状况还是就业状况都具有多种多样的形态。

这一代人正是"中年单身寄生族"的先驱，也就是中年非正规雇用者和到了中年仍与父母住在一起的未婚者，他们因规模庞大而首次被社会所认知。今后，随着他们年龄的增长，可以预见他们从中年后期迈入老年的时候将面临生活多样性和向下流动的风险，那应该是他们"将来的状态"。

另一方面，近年来，财经杂志上以"终生未婚"为标题的文章层出不穷，并编订成专辑，由此可见未婚"团块次代"在市场营销领域也备受关注。2017年7月，日本放送协会（NHK）利用社会问题解决型的AI（人工智能）技术对相关数据进行了分析。结果表明，左右日本将来的关键是"40岁世代的单身现象"，这在社会上一度成为热议话题。但比起单身生活，我更担心那些与父母住在一起的未婚者。

首先，我们从这一世代的配偶关系来看一组数据。1975年出生的人在2010年到达35岁，在截至2010年到达35～39岁的人中，男性的未婚率是35.6%，离婚、丧偶率为3.5%；女性的未婚率是23.1%，离婚、丧偶率为7%。到20年之后的2030年，这些数值又会发生怎样的变化呢？虽然在那之前，还会有结婚或再婚的人，但是事实上人数不会有多少。相反，在已婚人士中还会有离婚或者配偶去世的情况。因此，那时候已婚人数恐怕不会增加。总之，到2030年，他们将会达到55~59岁的退休年龄，那时"平均每3人中就有1人没有配偶"，相当多的人将会以"单身"的状态迎来老年生活。

投射在40岁世代家庭上的格差

下面从数据上分析一下1975年前后出生的这一群体的经济状况。从我们通常参照的每月劳动力调查结果来看，无法知道已婚、未婚以及和父母住在一起的群体的数量。所以，我们来分析一下2009年全国消费实际状态调查的个人调查表（取自总务省统计研修所和笔者、东京学艺大学副教授苦米地伸、大阪成蹊短期大学非常勤讲师金原茜的共同研究）。2009年，我们曾对30岁世代做过调查，当时1975年出生的人是34岁，在对他们的家庭状况、就业情况详细了解的基础上得出的数据还是比较有说服力的。

根据对2009年全国消费实态调查个人调查表的分析，能够形成和维持序章所说的"近代家庭（战后型家庭）"的阶层仍然占多数，其中，也有夫妇双方都属于正规雇用（正式员工或公务员），但大多数情况是丈夫是正规就业，而妻子是专职主妇或者临时工。从比例上来看，战后型家庭中，前者约占15%，后者约占75%，剩下约10%是自营业家庭。

另一方面，无法形成"标准家庭"的阶层也在增加，其中有夫妻双方都是非正规雇用者的家庭，也有和父母住在一起的单身、独立生活的单身、母子家庭、结婚后与父母住在一起的人。此外，也可以看到兄弟家庭以及共享住房的同居家庭等各式各样的家庭模式。

我将其中具代表性的10个例子进行分类，详见图表12。

在夫妻家庭中，男性户主的家庭6529户，配偶为女性的7703户。虽然也有单身男性家庭，但是非常少，单身女性有327户。与父母住在一起的未婚家庭在不断增加，父母和独生子家庭有2175户。单亲且带有一名单身独生子的同居家庭有451户。单身的有372户。

图表12的中段和下段是这些人的劳动方式和资金状况，我们一起来看一下。

从雇用状况来看，已婚男性中有九成是正规雇用，自营

图表12 家庭类别・30多岁一代的实际情况

【典型的案例数】

	家庭类型	案例
1	夫妻家庭　男性户主	6529
2	单亲　男性	3
3	与父母住在一起　未婚男性	1257
4	与父母一方住在一起　未婚男性	235
5	男性单身	202
6	夫妻家庭　配偶为女性	7703
7	单亲　女性	327
8	与父母住在一起　未婚女性	918
9	与父母一方住在一起　未婚女性	216
10	女性单身	170

［出处］山田昌弘、苫米地伸：《总务省统计研修所报告会资料》，根据2009年全国消费实态调查作成

【雇用状况】

	家庭类型	正规雇用	非正规雇用	自营	无工作
1	夫妇家庭　男性户主	90.7	2	6.3	0.9
2	单亲　男性	66.7	—	—	33.3
3	与父母住在一起　未婚男性	59	11.5	9.2	21.4
4	与父母一方住在一起　未婚男性	58.3	9.7	8.4	23.5
5	男性单身	79.7	8.9	5.9	5.5
6	夫妇家庭　配偶为女性	15.8	26.3	3.7	53.6
7	单亲　女性	34.3	48.8	1.2	15.8
8	与父母住在一起　未婚女性	50.2	23.7	2.7	22.2
9	与父母一方住在一起　未婚女性	30.9	23.7	5.1	39.9
10	女性单身	72.4	19.9	2.9	4.8

［注］正规雇用中包含企业董事，非正规雇用中包含零工等其他情况，自营中包含家庭从业者和副业，无工作中也包含正在求职中的人

【家计状况】 (万日元)

	家庭类型	本人工作年收入	家庭收入	本人月收入	家庭月收入
1	夫妇家庭 男性户主	505	591	32.6463	39.6140
2	单亲 男性	—	—	21.6974	27.5138
3	与父母住在一起 未婚男性	305	670	—	—
4	与父母一方住在一起 未婚男性	278	438	—	—
5	男性单身	429.5	—	26.7674	
6	夫妇家庭 配偶为女性	174	623	4.9246	40.2120
7	单亲 女性	197	241	13.0580	16.9269
8	与父母住在一起 未婚女性	269	689	—	—
9	与父母一方住在一起 未婚女性	215	421	—	—
10	女性单身	346.5	—	24.5497	

[注] 本人工作年收入只针对有工作的人，自营业的家庭月收入按照 0 计算

者则占6.3%，无业人员非常少。未婚且与父母住在一起的单身群体，其正规雇用率接近六成，其中无工作群体比已婚人士多。在无工作群体之中可能也包含失业者、"尼特族"以及"蛰居族"（闭门不出）。仅仅是这些数据的对比，就充分显示了"格差"的存在。单身群体如果不是正式员工就无法生存下去，因此其正规雇用率很高。

女性的情形是婚后没有工作的居多，在单亲家庭中非正规雇用比正规雇用的多得多。在与父母住在一起的未婚群体

中，正式员工约占五成。然而，若是与单亲父母住在一起的未婚群体中，则非正规雇用者和无业人员非常多，比男性多。女性中，单身女性的正式雇用率最高。

从家庭收入和本人收入来看，已婚男性的本人收入最高。与父母住在一起的未婚男性或女性以及所谓的"单身寄生族"的收入是非常低的。女性整体来说比男性户主的收入要低，只有单身女性的收入还可以。

"形成和维持战后型家庭的阶层"也不是没有风险

当今40岁世代的家庭和就业情况将来也会照样继续发展下去。总之，大多数未婚者还是未婚，大多数非正规雇用者还是从事非正规雇用的工作，这种状况会一直伴随他们步入老年。

即便如此，40岁世代中依然会有约六成的人去组建和维持战后型家庭，即便可能有些人过得不如意，但基本还是会像现在这批60岁世代那样在养育子女、积累了相应的资产之后退休，依靠养老金生活。若是问理由，这是由于日本型雇用惯例和社会制度所保障的只是那些形成了战后型家庭的群体的中流生活。但虽说是形成了战后型家庭，可有正规雇用工作的丈夫、临时工或专职主妇的妻子共同抚育孩子这一阶层从中流阶层坠落的风险比以前增高了。

这是为什么呢？最大的原因是由于丈夫的收入没有依照原先期待的那样增长。对于办理了住房贷款以及让孩子去私塾或接受高等教育的人来说，他们是以丈夫收入的稳定增长或至少不会减少为前提来过日子的。但近年来40岁世代的收入增长基本停止了。其次，虽说工资多少有些增加，但缴纳社会保险费的负担也在不断加重。举例来说，在我工作的私立大学，每年上缴的社会保险费不断增长，还有工会费等名目繁多的负担也在不断上涨，个人的税负同样水涨船高。即使在大企业工作的正式员工，工资上涨部分也会被社会保险费的上升抵消，"虽说基本工资上涨了几个百分点"，但在老龄化程度不断加深的背景下，想要过宽裕的生活，这点上涨的工资依然是杯水车薪。

今后，即便是以实际收入上涨为前提的正式员工家庭，大概也会慢慢感受到生活的艰难。当然不只是社会保险费的增加，丈夫工作的公司虽说不至于破产，但业绩不断恶化，妻子即便打零工也可能会被突然辞退，也就是说收入会以各种形式减少，风险在逐渐增长。

父母的养老钱被用在子女的学费上了

此外，当今40岁世代的子女在公立初高中阶段的学费负担还不算重，高中的学费原则上是免费的。但形成和维持战后型家庭的群体都属于学历比较高的阶层，换言之也就是认同"必须让孩子读大学""父母必须承担学费"的阶层。再过5年、10年，当孩子读大学或大专的经济负担出现时，有些家庭就会负担不起高昂的子女教育费了。

虽说国立大学的学费2005年以后并没有上涨，但每年也需要53.58万日元，这并不是一个小数目。私立大学的学费年均也要90万日元左右，并且每年都在增长（图表13）。

在日本，大多数奖学金将来都是要偿还的，很多父母都不想让孩子背负这种奖学金的负担。一位美国的专家曾对我直言不讳地指出："这类奖学金是需要偿还的，因此，奖学金实质上是一种教育贷款。因为奖学金这个词听起来比较好听，所以学生没有背着贷款学习的概念。"就是这样，经济层面和心理层面相互重叠，"要花这么多钱培养孩子，那干脆只要一

图表 13 大学的学费和入学费的变化

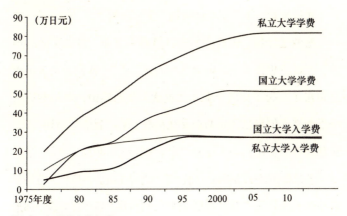

[注] 1. 年度是入学年度
2. 国立大学的 2004 年度以后的费用额度为国家制定的标准额
3. 私立大学的费用是平均额度

[出处] 文部科学省

个好了",今后有这种想法的人会不断增多。

结了婚的"团块次代"中,平均每个家庭有两个以上的孩子。迄今为止,孩子的数量没有减少。如此一来,家庭就会陷入困境。若是让两个以上的孩子都上大学,会影响家庭的经济状况;若是不让他们读大学,家长会心怀愧疚。即使孩子申请奖学金,但"他们自己也无法负担全部的学费"。家长们大概会踌躇不决。这一现实也会给孩子的心灵造成影响。

我们来看一个"就业冰河期"学生的例子。

他的父母称"因为我们自己是高中毕业,备尝生活的艰辛,所以不想让孩子再因为学历低而受苦"。他们没买房子而是租房子,为了让两个女儿实现读大学的愿望,负担她们的全部学费。但糟糕的是两个女儿都赶上了"就业冰河期",怎么都找不到工作,女儿觉得"非常对不起父母"。

若是负担孩子的学费,自己老了之后生活会不稳定;若是不负担孩子的学费,"孩子会很可怜"。当然并不是所有的孩子都是从公立学校迈入学费相对便宜的国立大学读书,况且现在国立大学的学费也不是很便宜。那么今后,面临孩子的升学问题时,是选择亏欠家庭经济还是亏欠自己的内心呢?被这个问题困扰的家庭会越来越多。前述《兄弟姐妹的危机》一书中也有同样的例子,即使本人和子女没有什么危机,但依然会担心自己的兄弟姐妹。我的朋友中也有类似的情况。没有工作的兄弟回到家说"帮帮我吧",家庭成员就要照顾他一直到他找到工作。

父母方面同样也存在风险。毋庸置疑,并不是所有的父母都是有钱人。有人因为要照看年迈体弱的父母而辞掉工作;有人即便一边工作一边照看父母,但由于看护费用高昂,导致自己的生活逐渐变得难以维系。父母兄弟姐妹同样可能会带来风险。当然你也可以选择对他们不管不顾，但即便不管他们，勉强让自己的生活维持下去，你心里肯定也不是滋味。

在当今社会，形成和维持战后型家庭的40岁世代中，将来能够负担孩子读大学的费用、父母也不用太操心、经济上平平安安地享受老年生活的这一群体应该不到一半吧。

笼统地说，在整个40岁世代中有三分之一能够维持战后型家庭并安心迎接老年时期，有三分之一在迎接老年生活的时候会面临各种各样的经济和心理困难，其余三分之一已经从战后型家庭的阶层中坠落下来了，他们今后将会面临比现在战后型家庭更为严峻的困境。

当然，在40岁世代的已婚夫妇中，夫妇双方都是全职并抚养孩子的阶层约有15%，丈夫年收入在1000万日元以上的阶层占全体的不到10%。对于这些人来说，即便突发什么意外，生活也应该不会受什么影响，但发生意外也能安心生活的阶层还不到全部日本人的一成。具体来说，"即使发生什么意外情况也能安心生活"的有一成，"没有发生什么意外情况能安心生活"的有三成，婚后虽然有孩子但若是发生什么意外将会陷入困境的有三成，剩下的三成就是所谓的"下游老人"。

托尔斯泰的小说《安娜·卡列尼娜》中有这样一句话，"幸福的家庭都是相似的，不幸的家庭各有各的不幸"。也就是说，非典型家庭即从战后型家庭中被淘汰的人，他们面临的困难各种各样。因为面临的问题各自不同，所以他们今后会怎么样只能是因人而异了。

"无法形成和维持战后型家庭的阶层"赚钱能力低下

通过分析全国消费实态调查的个人调查表，我们可以明显地发现，到了40岁前后，人们的就业状况和家庭情况显现出"杠杆"的作用。数据显示，男性正规雇用者的结婚概率很高，非正规雇用者的未婚率和离婚率很高，而再婚率很低。女性非正规雇用者无论是已婚还是单身，人数都要比男性多得多。总之，收入越多越稳定就越容易结婚；收入不稳定且收入低则很难结婚，差距像经过"杠杆"作用一样在不断扩大。

总而言之，被排斥在"形成和维持战后型家庭的阶层"之外的人，"赚钱能力"也比较低下。

下面我们来看一下内阁府发布的《关于婚姻、家庭形成的调查报告（2010年度）》（图表14·85页）。

图表 14 基于年收入差别的已婚率和维持婚后生活所需的年收入的对比

【从年收入差别来看 20～30 岁男性的已婚率】

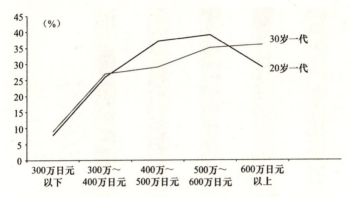

[注] 1. 因为仅以 20～30 岁一代的"未婚者"和同年代的"结婚 3 年以内的已婚者"为调查对象,故需要注意 20～30 岁一代的"合计"与 20～30 岁一代的全体有所不同

2. 对于性别、年代、未婚者,是基于总务省《国势调查报告(2005 年)》进行的加权统计

[出处] 内阁府《关于婚姻、家庭形成的调查报告(2010 年度)》

2010 年 20～39 岁的数据显示,男性年收入在 300 万日元以下的阶层中,只有一成的人已婚;收入在 300 万日元以上,结婚率上升到 25%～40%;此外,30 岁以上的群体,年收入越高,结婚率也越高。

图表 14（续）

【维持婚姻生活所必需的夫妇收入】

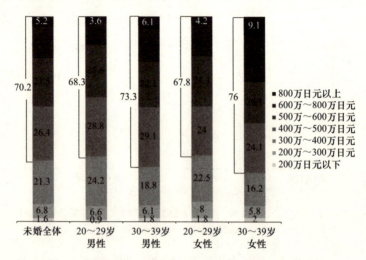

［注］除去"与收入无关""不知道""无回答"的比例
［出处］内阁府《关于婚姻、家庭形成的意识调查报告（2014年度）》

在2014年度进行的"关于婚姻、家庭形成的意识调查"（图表14·86页）中，对于"你认为（收入）达到什么程度才能结婚"这一问题，有极少数回答说年收入要达到200万～300万日元，无论男女，均有七成左右的回答说需要达到400万日元以上。但实际年收入400万日元以上的未婚者相当少。

明治安田生活福祉研究所2010年进行的调查表明（图表15），现实中未婚男性年收入大部分都在400万日元以下。此

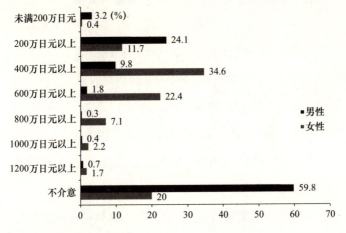

图表15 期望结婚对象达到的年收入与现实中未婚男性年收入的对比

【期望结婚对象达到的年收入】

【现实中未婚男性的年收入】

200万日元以下	200万日元以上	400万日元以上	600万日元以上	800万日元以上	1000万日元以上
38.6	36.3	19.4	4	1	0.7

25.1

（%）

［出处］明治安田生活福祉研究所《季刊生活福祉研究》74号。数据来源是2010年的"结婚调查"（全国对象的网络调查。20～39岁的共4120名未婚者回答）

外，通过该项调查我们也能够发现女性在选择结婚对象时倾向于高收入群体。也就是说，要想形成一个战后型家庭就得找一个高收入的人结婚。

"从战后型家庭坠落下去的阶层"易陷入贫困

现在的40岁世代中能够形成和维持战后型家庭的阶层大约占三分之二（包含面临各种各样经济困难的家庭），也就是说从中流坠落的阶层大约占40岁世代的三分之一，这些人将来会面临贫困的风险，甚至会陷入更加贫困的状态。我以前在《"家庭"难民》等著作中指出过这一点，因为这一点非常重要，在这里再重新整理一下。

从战后型家庭坠落下去之后，陷入贫困的风险性变高，而实际生活中面临困难的人也在逐渐增加。近年来以圣学院大学客座副教授藤田孝典先生所著的《下游老人》（2015年，朝日新书）为代表，众多的调查研究以及纪实报告、报道中都指出过这一现象。这些人可以说是被日本雇用惯例和社会保障制度所抛弃的阶层。也就是说，他们以某种因素为契机坠落之后，仅凭借自己的能力极有可能无法回归中流生活。

因此,那些遭遇困难的人在下滑到一无所有之后,除了接受生活保障之外别无他法,社会保障制度对于他们来说形同虚设。例如夫妇双方均年收入200万日元左右,能够过上不错的生活,却很难让孩子接受高等教育。一旦他们有人得了病或其中一人失业,年收入就会跌到100万日元以下,那么生活的困难将接踵而至。

在单亲家庭中也已经出现了这种情况。即便是单亲,不管是正式员工、合同工、派遣员工、临时工还是零工等其他形式,他们在有工作的情况下,勉强还可以维持生计。但由于劳动力市场不稳定,故而常常伴有失业的风险。例如,如果因为生病而失业,一下子就会坠入贫困的深渊。目前40岁世代中患抑郁症的人在不断增多。我认为这是由于"如果发生什么情况,一切就完了"这种极其强烈的不安和压力导致的。

中年单身寄生族的向下流动已经开始

目前为止,对于具有贫困风险的阶层,我介绍了低收入结婚人群、母子家庭或父子家庭的单亲家庭,然而从战后型家庭坠落下去的家庭还包含单身家庭。在日本无论男女,单身生活的正式员工比例非常高,很多人在生活上也没有什么困难。但若是碰到什么意外情况,他们依然有从中流阶层往下坠落的风险。虽然在单身群体中,受制度保护的正式员工只要其就职的公司不倒闭,经济上就不会有什么困难,但无论怎样,当他们步入老年、不再工作的时候,其陷入孤独的可能性是非常高的。

此外,也有一些不依赖父母独立生活的贫困阶层。几年前"网络咖啡馆难民"①和"过年派遣村"②等现象引起社会广泛关注,这些人都是因没有家庭成员可依靠、没有固定住所而陷入贫困的。

在各种形态的单身群体中占比最大的是"与父母住在一起的未婚者"。如前文所述,"中年单身寄生族"在2015年有308万人,这相当于35~44岁人口的15%。如果按年龄段来看,每一岁约有30万人。

如前所述,这一世代中与父母住在一起的未婚者,有一成是失业者,有两到三成是非正规雇用者,他们中有很多人

---

① 指无固定住所,寄居于网络咖啡馆里的穷困者。
② 为了援助那些2008年世界金融危机后的失业者,于2008年12月31日到2009年1月5日在东京日比谷公园设立的援助设施,为失业者提供食品和住宿。

生活在父母购买、父母拥有产权的房子里，即使收入比较低，依然能够过着不错的生活。

那么，为什么失业者和非正规雇用者这么多呢？

男性因为经济不稳定而迟迟找不到结婚对象，故而和父母住在一起，比起同年龄段的其他男性，其中的失业者和非正规雇用者人数逐渐变多。女性和同年龄段男性相比，不管她是和父母一起生活还是结婚，以正式员工的身份在公司一直工作下去的人数都比较少。

虽说有一成是失业者，两到三成是非正规雇用者，但即使在与父母住在一起的未婚者之中，所谓存量上住着父母的房子、流量上靠父母的养老金和其他收入等来维持生活的人也非常多，并且现在还在持续增加。那么，他们的将来会怎样呢？

典型的情况是随着父母的去世，父母的养老金也就没有了，自己的收入又有限，因此会逐渐降低生活水平。父母的存款慢慢地也见了底，把房子卖了也只能撑一时。卖了房子，钱也会逐渐花光。当自己老了，钱也逐渐花完了，生存便成了问题。到那时候，恐怕就只能领取最低生活保障了吧。如今，独身老年人的生活保障领取量在逐渐增加，最大的原因在于没有家庭成员的老年人在增加。今后,这样的老年人将会以每年数十万的速度增加。到那时,生活保障制度真的还能维持下去吗?

虽说40岁世代迈入老年阶段是二三十年后的事,但今天,阶层的向下流动已经开始,也就是说现实生活中,40岁世代中已经出现生活穷困潦倒的事例了。

从立命馆大学副教授丸山里美所著的《女性无家可归者的生存——贫困和排斥的社会学》(2013年,世界思想社)和写实作家中村淳彦的《纪实报告·中年童真》(2015年,幻冬舍新书)以及现场采访记者铃木大介的《最贫困女子》(2014年,幻冬舍新书)等一系列报道和学术调查中所介绍的事例可以看出,40岁世代的父母(团块世代)即便做着普通的工作也能过上好日子。然而,从中流父母家庭中跌入贫困层的子女一代开始出现了。

总之,从他们本人来看将向下游流动,从他们父母来看也是这样。

从丸山里美的《女性无家可归者的生存——贫困和排斥的社会学》一书中介绍的事例来看,有很多无家可归的女性实际是结了婚并在经济宽裕的家庭中长大的,但最终自己却落得无家可归的下场(我不知道这些事是真的还是编的)。中村淳彦的《纪实报告·中年童真》也描写到,"小的时候和父母过着比较好的生活,可是……"这样的人很多。铃木大介在《最贫困女子》一书中说,虽然说有一些女性"因为父母贫困不得不去卖淫",可"父母生活还可以的,然而也……"这样的人越来越多。

"团块次代"是无法过上比父母那一代更宽裕生活的一代,甚至连父母一代的生活水平都达不到。他们是开始经历阶层向下流动的最初世代。

照此下去日本的阶层分化将开始

我预测,在世界发达国家中日本是"第一个"大量国民向下流动的国家。为什么说是第一个呢?因为美国和英国等众多发达国家原本就是阶级社会,在生活水平迥异的阶层之间,传统的分层已经固化。像日本这样,虽说经历了经济高速增长的"团块世代"几乎都过上了中流生活,但他们的子女一代却分为两类:一类能过上"中流生活",另一类过不上。这种现象原本是不存在的。也就是说,从社会意识来看,成为"一亿总中流"的发达国家只有日本。如何避免"一亿总中流"的崩溃并保障所有人的中流生活？目前来说致力于解决这一课题的国家也只有日本。因此，日本正面临非常艰巨的问题。

简单来说主要有两种解决问题的途径，一是"削弱中流群体的水平"，换言之，降低中流阶层的生活水平，将相应的部分进行再分配。但这种再分配难道真的可以实现吗？若是实现不了，还可以选择另外一种途径，即"对于那些从中流向下坠落的人放任不管"。

现在的日本社会选择的似乎是后者。日本正在像美国那样分化为两个群体：一个是过着普通的生活、有能力把子女送进大学；还有一个是从一开始就很贫穷，但生活还算过得去。照此情形发展下去，二三十年后，这些人的生活是否能够得到满足，尚不可知，但在日本可能会形成互相之间无法交流的"相互割裂的阶层"。

虽说美国社会传统上是存在阶层分化的，但直到最近几年，即便出身下层，即便一度坠落下来，仍然还有可能实现爬到上层的"美国梦"。因此社会还存有"希望"。但近几年的美国社会，从下层上升到中层的希望越来越渺茫。正如本书最初所述的"race to the bottom"问题越来越严重，人们对此极为不满并由此引发了2016年总统大选中的"特朗普现象"和"桑德斯现象"。

如今日本社会中大部分人属于中流,还有一小部分属于下游,从中流坠落到下游的"不安"开始在社会上蔓延,而从下游上升到中流的希望则越来越渺茫。这和美国社会民众怀有的"不满"有着本质上的不同,正因为日本社会一度经历过"一亿总中流"才会导致民众的不安,日本社会正在成为几乎全体国民都心怀不安的社会。

我觉得"中年单身寄生族"和欧洲的"没落贵族"十分相似。不仅是这一阶层,似乎全体日本人看上去都像没落贵族一样在吞噬父母的资产,还梦想着这种贵族式的生活在未来能持续下去。在"坐吃山空"的过程中,连普通生活也无法维持的不安也在扩大。在我看来目前日本社会正在成为"一切都完了,该怎么办呢"这种似乎被连根拔起的社会。

但我感到,低收入的"中年单身寄生族"并没有认真思考自己的将来。在采访中我感到非常震惊,就连那些单身非正规雇用者,对于自己将来无法工作或年纪大了以后的事也没有什么想法,即使被问到"今后打算怎么办呢",他们也只回答说"不去想那么多""到那一天再说"。

对于他们来说,昨天和今天一样,明天应该也一样,父母应该会一直在……即使某一天突然意识到父母可能会死去,他们也会觉得明天能够活下去。有这种想法的人的概率还是很大的。即便明白死亡迟早会来临,但明天也还是可以活下去的。正因如此,才会发生在父母去世后偷偷将其尸体隐藏起来花他们养老金过活这样的事。

那该怎么办才好呢?近年来,"我得靠自己""不管怎样我得去做"等社会压力在逐渐增大。这是序章中所说的"无法重来的社会"的对立面,也是促使"避免下坠的竞争"更加激烈的原因之一。

那么,促使单身寄生族独立生活下去的有效办法真的存在吗?我计划在最后一章论述"根本性的改革方案",这里先稍微简单介绍一下。首先必须要做的是通过"让女性开始赚钱""消除正规雇用与非正规雇用之间的差距"等,以各种各样的形式提高每个人的赚钱能力。此外,在日本,若想要保护中流社会就要提高税收,坚定地充实社会保障,这是改革的基本点。如果无法实施根本性的改革,日本社会的确可能会变成"阶层分化的社会"。到那个时候,不仅不知道自己以及子女什么时候会坠落到下一个阶层,甚至整个社会都会弥漫一种不安的氛围。

第五章

居高不下的非正规化和未婚化

"知晓"格差扩大的最初世代

正如前文所述,1970~1979年出生的40岁世代是最初经历"多样性",也就是最早尝到"风险"和"差距扩大化"的一代。在序章中我将他们称为避免下坠的竞争的排头兵。那么,他们之后的一代人,也就是1980~1989年出生的30岁世代(截至2017年12月末28~37岁),这一群体的未来又会是怎样的呢?这一章我们就来详细考察一下"30岁世代"。

现在的30岁世代,把上一世代即40岁世代所经历的多样性、风险、格差扩大化都看在眼里,也有所知晓,但与他们却有着本质的不同。

现在的40岁世代看到其上一世代的人生之路,他们认为自己这一代人也都能成为公司正式员工,都能结婚,但最终事与愿违。他们的命运与上一代人大相径庭,成为最初经历格差扩大化的一代。

在避免下坠的竞争中,所谓第二梯队的30岁世代见证了第一梯队40岁世代的"艰辛"并逐渐长大成人。虽然他们在"就业冰河期"的亚洲金融危机(1997年)时期,还处于读小学到高中的阶段,但已知晓就业形势越来越严峻,并基于这种现状去选择升学还是踏入社会。而且在这一代人中,也包含了经历过在雷曼冲击(2008年)时期从事就业活动的那些人。

此外,30岁世代很早就意识到包含自由职业者在内的非正规雇用者的处境将越来越艰难。我在2004年的《希望格差社会》一书中描述了"将来处于不安的自由职业者的情形",他们也会觉得这种情形迫在眉睫。几年前,来采访我的新闻记者对我说:"我高中的时候拜读过您的《希望格差社会》,当时就想,将来自己当上记者一定要来拜访山田先生。"听闻此言,我感到十分惊讶,不过这也说明了将格差社会作为一种常识来看待的这一代人正在走向社会。

总之,"所谓的自由职业者并不是具有完全自由、可以随自己喜好做事的人"。现在的30岁世代是最先了悟这一点的一代人。

婚姻也一样。30岁世代见证并早已知晓40岁世代的"结婚难"问题。我和新闻工作者白河桃子共著的《"婚活"时代》(discover携书①)一书在2008年出版,书中明确指出"想

---

① 携书,指的是小开本可携带的书。

结婚却结不了婚的时代来临了",30岁世代对他们将在这一背景下步入结婚适龄期的现实是心知肚明的。

在当今这批30岁世代找工作的时候,我出版了《希望格差社会》,在他们进入结婚年龄的时候,我又出版了《"婚活"时代》。从这个意义上来说,这一群体非常清楚他们无论是找工作还是结婚都不会像过去一样顺利,他们是非常自省的一代。

非正规化、未婚化的"居高不下"

但30岁世代与40岁世代的际遇并没有什么不同。以各种数据为基础统计出来的结果表明,雇用的非正规化与未婚化的蔓延似乎停止了,换句话说,给人的印象是,非正规化和未婚化处于"止于高位"这样一种状态。

从整体来看,非正规雇用率和未婚率在持续增长。近年来,年轻层的非正规雇用率和未婚率虽尚未达到反转的地步,但已停止继续恶化。不得不说情况多少还是有一些改善的。

话虽如此,30岁世代所遭遇的客观现实与40岁世代相比基本没有什么变化,雇用和婚姻状态依然没能回升到从前的水平。

我在上一章叙述过非正规雇用率居高不下的状况，而罗伯特·B.赖克所说的"新经济"概念早在20年前就已经固定下来了。在日本经济中，像今天这样的非正规雇用比例属于平均值。

当然，将来全日本国民不可能都成为非正规雇用者。对企业来说，保有一定数量的正式员工是必要的。另外，非正规雇用的主要劳动力（合同员工、派遣员工以及临时工等）也是绝对不可缺少的。

为了维持社会的良性运转，不需要什么技能、无论是谁都可以做的工作也是不可或缺的。例如，单纯的销售、接待客人、清扫、看护、产品检查等工作。但这类职业的工资必然会很低，而且很不稳定。日本采取的是不接受移民的政策，所以国内必须有一部分人承担这类工作。正因如此，低收入的非正规雇用者将会以一定的规模继续存在下去。此点毋庸置疑。

总之，从雇用非正规化与未婚化现象止于高位的这20年来，包含劳动形态在内的整个经济体系处于"转折点"，因此，非正规就业的人数在不断增多。此外，恰恰是自现在的40岁世代之后，作为职场精英的正式员工和不需要技能的简单劳动者被截然划分为两个群体。

未婚率正如前章所述,只要日本是"男性若不是正式员工便很难结婚"这种思想倾向严重的社会,受正规雇用率的影响,结婚率也就被固定了,它们的数值十分相近。也就是说,倘若正式员工有六七成,那么能结婚的人也就有六七成。在这种情况下,30岁世代的观念逐渐发生了变化。

专职主妇志向的复活

我首先想指出的是,女性走向社会的意识正在变得薄弱。这从2000年左右逐渐开始凸显。例如,从20世纪80年代后半期的《羊角面包综合症①》(松原惇子,1988年,文艺春秋)到21世纪初期的《丧家犬的远吠》(酒井顺子,2003年,讲谈社)等都是典型代表。这两部书生动地描写了当时的现代女性形象,一度成为畅销书。如果将这类书进行对比的话,就会看到日本女性对于走向社会这一观念的变化。也就是说,

---

① 形容那些渴望自由和自立、拒绝走入婚姻、但过了结婚和生产适龄期后逐渐对自己选择的人生道路失去自信、身处焦虑与绝望的中年女性。

很清楚地看到作为职业女性活跃在职场的只是一小部分，女性意识的变化是"想成为专职主妇的观念的复活"。《羊角面包综合症》一语中的："不结婚、谈恋爱、工作忙碌且生活充实的中年女性也只能是在媒体中活着。"另一方面，《丧家犬的远吠》一书发出了这样的诘问："和收入稳定的男性结婚的女性难道不是过着安逸的生活吗？最终没有结婚的女性难道不是丧家犬吗？"充分揭露了这一严峻的社会现实。

30岁世代在实际生活中耳闻目睹了这一切，继而迈入了结婚适龄期。正因如此，想成为专职主妇的观念从她们这一代开始复活。然而她们的下一世代发现做专职主妇也无济于事，现在的20岁世代中"想成为一般职"（业务型）人才的群体似乎正在不断扩大。高收入的男性只不过是一小部分，且夫妇双方必须一起工作才能维持中流生活。那么，为了结婚之后也能长期持续地工作，比起从事事务性工作的"综合职"，从事业务性工作的"一般职"便成为一个不错的选择。

规避风险意识的加强

现在30岁世代的"保守化"倾向愈发明显。想成为专职主妇的意识也是保守化的表现之一,这在她们经历的"就业活动"中已经很明显地体现了出来。就业活动日程的提早化就是非常显著的特点,这一代之后就业活动成为学生时代最重要的活动。比如说,大学成了"为了找工作而四处奔走、活动的地方"。

目前"就业活动期"这一人生阶段逐渐清晰化。在学校做喜欢的事情,之后下一个阶段才是就业,从前的这一"观念"如今已经不再成立。

也就是说,现在的30岁世代见证了上一世代的际遇,可以说是第一批自觉认识到自己无法成为正式员工的一代人。他们会像备考一样拼命参加各种就业活动,直到找到工作。为了规避成为非正规雇用者的风险,拼命想成为正式员工,他们是最初这样做的一代。当然,现在的学生也是如此。我询问我现在的学生"大学毕业后想要做什么呢",不止一名学生的回答是"正式员工"。

从30岁世代的结婚观中我们也可以看到他们在日趋"保守化"。正如最近媒体频频使用的"闪婚"一词,为了能够过上安稳的日子,想省掉恋爱过程先忙着把婚结了的人开始增加。也就是说,为避免结不了婚和岁数一天天增长的风险,放弃不确定能否结婚的恋爱，直接找能够结婚的对象，这样的人在不断增多。可以说这是由于"结婚活动"普及带来的波及效果。

近年来，从25岁左右开始选择使用"结婚服务业"的人在不断增加。从这些结婚服务业使用者的低龄化中我们可以看出，比30岁世代还要年轻的世代也正趋于"保守化"。

"断念"的选择

总之，"若是成为非正规雇用者可是非常艰难的哦""结不了婚的话也是很不幸的哦"，由于此类说法的广泛传播，现在的30岁世代感受到了强烈的"压力"，他们认为必须趁着年轻去参加"就职活动"和"结婚活动"。

虽说"观念"在变化，但"客观现实"并没有发生改变，正式员工率没有上涨，结婚率也没有上升。而且，像从前那样，几乎全日本国民都能被正式雇用、女性都能和正式员工结婚的社会已经一去不复返了。

最终，现在的30岁世代面临的现实情况和40岁世代是一模一样的。能够和有固定单位的正式员工结婚还是不能，这样两种人被"分"开来，这批人自身结构发生了翻天覆地的变化。当然,他们对于这一系列的事也是"了然于胸"的,而且在目前的30岁世代身上,某种变化正在悄然孕育。

这就是选择"断念"的人开始粉墨登场。例如,对婚姻的断念。不去参加以结婚为目的的交友活动,"不想结婚",否定婚姻本身,或是一味悲观地认为"自己是结不了婚的"……此外,对正规就业不再抱希望的人也在增加。

我们能够非常明显地观察到"恋爱的衰退",而且,越是年轻层这一现象就越显著。"首先是为了结婚,与结婚无关的恋爱不谈也罢",持这种想法的人开始出现。同时,恋爱的"虚拟化"也开始出现。在已对婚姻断念的人中,沉迷于虚拟的世界——提线木偶和夜总会、追逐偶像和明星等,以及在色情以及性服务业满足性欲的人在不断增多。他们扬言,自己已经不需要恋爱和结婚了。

那么,他们将会如何构建他们的未来呢?对此,我采访了一些30岁前后的单身寄生族。

他们一部分人说没有考虑过,也有一些人觉得和父母住在一起很愉快,"得过且过"。

比起这些人,那些已经"不再思考"的人的出现给我留下了更深刻的印象。

十年后将苦于"如果、假如"

正如前文中所述的非正规雇用、未婚数据的"居高不下",如今30岁世代的现实也会像前文所述的40岁世代那样演进。30岁世代的父母一代认为拥有稳定的工作、拥有住房是天经地义的,是"没有什么可担心的最后一代"。正因如此,大多数30岁世代都寄生在父母家里。

总之,10年后,他们也极有可能会和40岁世代一样成为"中年单身寄生族"。换言之,无论他们的"观念"如何变化,现在的30岁世代毫无疑问会成为"中年寄生族的预备军"。

我在前面提到过,大多数结不了婚、从事非正规雇用工作的这批40岁世代当初可都认为自己"不会变成那样"。

30岁世代在10年后,即他们40岁的时候,可能会想"那个时候要是这样就好了,要是那样就好了",在"如果、假如"这些假设中心灵备受煎熬。这就如同"倘若在备考或在学校的时候要是再努把力"、"如果在就职活动和结婚活动时再加把油"或者说"在那时候稍微妥协一点"是一样的,是在领悟到现实之严峻后的懊悔,是对自己当时没有采取果断而有效行动的一种自责。

从这个意义上来说，比起现在仅仅苦于社会变化的40岁世代，10年后，现在这批30岁世代因为早早就对社会的变化有所"知晓"，所以可能会更觉辛苦吧。

探索"其他生存方式"的动向

面对多样性、风险、差距扩大化没有任何改变的社会现实，30岁世代除了"断念"之外似乎并没有采取什么具体行动以备将来。当然，这样的群体中也确实出现了准备应对这些问题的"新的行动"。

在《"家庭"难民》等著作中，我也多少有所提及，自己成立公司"创业"和从自身情况出发从事专门职业的"自由工作者"等做多样性职业选择的人在不断增多。而且，也出现了为谋求更好职业而选择"海外就业"的人。同时，以"本地人"的身份寻找一种与当地生活方式接轨的生活的年轻人也在增多。前面章节详述的日本式企业社会里那些所谓脱离了既定"轨道"的人也在谋求其他工作方式，日本媒体对这种动向也有不少报道。

此外，还出现了选择不结婚、以"家庭成员"的形式和朋友同居的"共享住宅"和因"兴趣缘"而建立人与人之间的连接等新动向（永田夏来：《终生未婚时代》，2017年，东方新书）。

但是，"创业"之类的选择风险很高，困难重重。

正如前章所述，在日本，尤其是在社会保障制度层面，只准备了"一条轨道"，也就是说，当偏离这条轨道而选择去挑战"其他的生存方式"而失败的话，是没有机会"重新来过"的。因此，出现了不少因创业失败而导致生活一塌糊涂的人。

反过来说，只要这些"其他的生存方式"没有普及，或者说只要社会保障制度等公共援助体制没有发生重大变化，现在的30岁世代也会像40岁世代一样，面临多样性和风险。换言之，他们在10年之后依然会面对正规雇用和非正规雇用的差距、能否与正式员工结婚的差距。总而言之，社会依然会像现在一样严峻，他们会活在异常激烈的底层竞争之中。

如果不希望成为那样又该如何呢？直言不讳地说，无论是在制度层面还是在心理层面，社会都必须变成不仅仅有一条而是有多条道路的社会。这样一来，避免下坠的竞争才能得到缓和。我想在第七章和终章对具体对策进行详细的阐述。

更加"悲催"的下一世代

在本章的最后,我们来看一下 30 岁世代之后的世代,即 1990~1999 年出生的群体(截至 2007 年 12 月末 18~27 岁的人)。这一世代和现在的 30 岁世代的情况稍有不同。现在 20 岁左右的人,他们的父母一代是 1960~1969 年出生的。从社会学上来说,这一世代是"问题父母"增多的一代。实际上 1960~1969 年出生的这一代人,有着"奉子成婚和离婚不断增多"的特点。对于大多数拥有这类父母的子女来说,他们是在经济不稳定的家庭中长大成人的,再加上 1997 年发生了亚洲金融危机,也就是说在那之后的父母群体中,有一些人即便结婚时是正式员工,也可能"生了孩子后被解雇而失业了"。

在日本,"儿童的贫困"成为社会学研究的主要课题是在距今约 10 年前,也就是 21 世纪第一个 10 年中期的时候。这是以当时在国立社会保障·人口问题研究所工作的阿部彩出版的《儿童的贫困——思考日本的不公平》(2008 年,岩波新书)为契机的。当然,儿童的贫困基本上也就等于是父母的贫困。总之,1997 年亚洲金融危机之后,在贫困中长大的儿童开始大规模增多。

总之,父母的群体开始出现两极化,子女也被分化为在经济稳定的父母抚养下长大成人的和在经济不稳定的父母抚养下长大成人的这两个群体。这种分化是从拥有1960~1969年出生的父母、1990~1999年出生的当今这批20岁左右的人开始的。

与现在的30岁世代不同,可以说其下一世代中无法啃老而不得不自立的年轻人将会增多,这一群体中申请日本学生援助机构奖学金的学生人数急剧增加。遗憾的是,这种现象在统计上并没有迅速反映出来。不过,随着《最贫困女子》、《女大学生风尘小姐——年轻人贫困大国·日本的现实》(中村淳彦,2015年,朝日新书)以及《高中生难民——在绝望社会中生存的"我们"的现状》(仁藤萝乃,2013年,英治出版)等一系列报告文学的发表,那些没有固定工作、不依赖父母、被社会保障排除在外的各种意义上穷困潦倒的年轻人开始受到关注。

截至30岁世代,如同前文所述的40岁世代一样都是一种"向后顺延的问题"。但如果长此以往,不改变社会的存在方式,包括当今20岁世代在内的以后的每一代人,从年轻时候起生活就会出现问题，陷入贫困的人将会无休无止地出现。

　　这里补充一下，在美国的贫困阶层和发展中国家中，父母贫困而由子女挑大梁，家庭全体成员都去赚钱也好歹能生活下去。在日本现在这批30岁世代以前，大多数的父母都是比较富裕的，因此像这样的例子在日本只是极个别情况。但在其下一世代，即现在的20岁世代身上，不得不采取低收入者抱团取暖这一类似美国贫困阶层的"生活防护"方式的家庭增多了。这或许是一种新型的单身寄生族。

第六章

日本之外的单身寄生族也在增多

日本是"尚且还好"之国？

从世界范围来看日本的40岁世代和30岁世代的状况，我们可以看到什么呢？

与其他国家相比，不管是30岁世代还是40岁世代，客观上来说日本"尚且还好"，这就是最直观的印象。当然，前提条件是不会从前文所述的"单一道路（标准家庭的生活状态）"上坠落。

日本的经济环境看上去也比世界上其他国家强一些。虽然日本的经济增长率比较低，但失业率非常低（2007年3月完全失业率2.8%），即使从观念意识层面上来说，日本年轻人的满意度也是非常高的。当然，如前文所述，其内在原因是寄生于父母家庭而导致"问题延后"。

说到日本在世界上的独特性，可以列举目前日本50岁世代以上的群体总体处于富裕状态这一事例。这群人是由于经济高速增长而建立了稳定的经济基础，从而拥有中流家庭生活的。与国外相比，这种大规模中产阶级的存在可以说是日本最大的特点。

此外，正如此前反复提到的那样，目前由于"被既定轨道甩出去"的子女一代能够完全被"遵循既定轨道"的父母一代吸纳包容进来，所以社会上还没有出现什么大的问题。

正因如此，尽管现在人们对生活的满意度较高，但对将来比较悲观以及回答"没有希望"的年轻人比较多。

总之，与世界上其他国家相比，日本年轻人的状况是比较特殊的。对于30岁和40岁左右的一代人来说，由于他们的父母创造的经济和生活条件不错，他们的整体情况是"尚且还好"。

这可能稍微有点偏离本书的主题，我觉得重要的原因之一在于对过去的"反动"，准确地说是与"希望回归过去"相关的政治形势。

若是观察近年来欧美的情况，你就会发现日本政治"尚且还好"。的确，安倍政权是"保守"的，其赞美民族主义的政策和言论引发了广泛关注。但在美国，四处宣扬堪称保护主义复活的"美国第一"、包含新纳粹派势力的"极右的抬头"，已经超越了保守，是相当大的一种倒退。例如，在美国2016年总统大选中，中老年阶层大多将票投给了特朗普，而年轻阶层则大多支持希拉里。在英国脱欧的国民投票中，持赞成票的是中老年阶层，年轻人对此多持反对态度。

欧美国家的中老年人和年轻人无论哪个阶层都对现状不满,中老年带有浓厚的"怀旧之情",认为过去是好的,也就是说他们支持回到过去。在另一方面,对往昔生活毫不知晓的年轻人则支持自己所了解的目前的方针,希望能够继续往前推进。也就是说,欧美的中老年人从过去中看到希望,而年轻人则对未来充满希望。

日本的情况稍微有所不同。例如,支持共产党的主要阶层是60岁世代和70岁世代。中老年阶层对现状不满,从"政权交替"的未来看到希望,而年轻人对现状暂时还是比较满意的,没有什么不满的地方。

从这个意义上来说,日本即使变得保守也不会达到"反动"的程度。为什么这么说呢?主要是由于年轻人的满意度比较高。现在的年轻人并不知道经济高速发展时期以及泡沫经济时期的好日子。因此,他们对"现在比较满意,希望这样一直持续下去"。

发达国家的经济因素与文化、制度因素

那么,世界其他国家的年轻人的状况将会变成怎样呢?

对于发达国家,我们主要从经济因素以及文化制度因素两方面分别考察。

发达国家与日本的经济发展阶段是非常相似的。也就是说,仅凭借年轻男性一个人的收入无法维持生活——这样的情况在不断增加。凭借经验工作的人和凭借简单劳动、服务工作的人之间的差距正在逐渐扩大。正如前文所述,在包含日本的所有发达国家中都出现了这种情况。

但是在日本,由于存在正规雇用和非正规雇用两种雇用形态的差异,从而导致了各种各样差距的出现。欧美没有正规和非正规的划分方法,所以工资的高低是根据职业种类的差别划分的,并由此导致差距的出现。目前这种差距正在逐渐扩大。

日本和其他发达国家有所不同的原因在于文化、制度因素。在经济层面上,如前所述世界各国和日本相差无几,都正在形成两种劳动形态。依靠后者的简单劳动和服务工作的人,其收入没有增加的希望,也没有希望能养活妻子儿女。

正如前面反复提到的那样,在日本,这一系列问题都由于子女寄生于父母家庭而延后了。然而在欧美发达国家,包含40岁的年轻世代却受到直接影响,"阶层分化"问题正在逐渐显现。

各国的文化、制度因素各有不同。对此，从以下五点来看就比较容易理解。

① 女性的活跃度

即便是在发达国家，国家不同，女性的活跃度也是不同的。有像日本和韩国这样女性管理职比率为 10% 的国家，也有认为女性担任管理职位是理所当然的国家。不过这些国家也会出现"女性和女性的差距"这一新问题。

不仅有男性和女性之间的差距，女性如果在事业上足够活跃的话，女性之间也会形成差距。也就是说，虽然女性活跃度非常高，也不能说明其社会状况就非常好。

例如，我们来看一下美国的例子就比较容易理解。即使两位男女律师结为夫妇，有像克林顿总统夫妇那样双方都是高收入的夫妇，也有双方都有工作却依然深陷"贫民阶层"的低收入夫妇。

总之，女性的活跃度与女性的"生存容易度"没有直接关系。

② 是否认可与父母住在一起

在美国和西北欧那样"与父母住在一起可耻"的文化，

以及南欧和东亚这样的"不介意和父母住在一起"的文化中，虽说认可的程度有深有浅，但年轻人的状况无疑是迥然不同的。在美国和西北欧国家，比起单身生活，二人生活更为经济、高效，所以年轻人的同居现象在不断增加。

③ 恋爱、性行为的活跃

由于欧美奉行恋爱至上主义，认为"爱情"胜过金钱的人非常多。而在日本，恋爱是其次的，多数人认为"能够过上不丢人的经济生活更为重要"。这就是日本文化。

④ 社会保障政策

这是一个比较重要的差异。有的国家对年轻人和养育子女给予大力支持，也有国家像日本对老年人给予援助而对年轻人比较冷漠，社会保障按照群体不同分类实施。此外，有的国家免除了大学学费，也有国家像美国和英国那样需要缴纳高额学费且基本不会给予什么援助。对于生孩子，有的国家会奖励，也有的国家基本放任不管。

⑤ 是否有移民（外国劳动者）

国家不同，移民政策的复杂程度也不同。有的国家主要让移民负责简单劳动、服务类工作，也有国家像日本这样基本不接受移民。近年来，像欧美国家、中国香港以及新加坡那样，让移民从事看护老年人、带孩子等家务劳动的情况不断增多。也存在像西班牙那样，本国国民普遍移民国外的现象。

这五种文化、制度因素，因国家的不同而有所差异。所以即便同是发达国家，年轻人的"生存容易度"也无法做单纯的比较。

但是无论男女，从年轻时期开始，社会的收入差距就在不断扩大，这不论是在日本还是在欧美或者新兴国家都是一样的。说到日本，①女性活跃度比较低，②社会对子女成年后和父母住在一起不排斥，③恋爱和性行为不积极，④社会保障政策偏向老年人，⑤几乎不移民，不管是移民国内还是移民国外。这就是日本特色。

总之，在日本，由于这一系列文化、制度因素，"中年单身寄生族"是他们必然的归宿。

即使在家庭多样性的欧美国家，与父母住在一起的人也正在增加

在欧美国家，家庭正在逐渐多样化。在西北欧、美国以

及大洋洲，孩子"原则自立"，即无论男性还是女性，都要脱离父母独立。因此，收入低的年轻人大多和另一半同居，把双方收入合在一起共同生活。也就是说，如果不同居的话，就无法自立生活。因此，同居人数在增加，生孩子的情况也在增多，家庭在不断多样化。

在西北欧国家，这样的家庭可以得到社会保障的援助。但在美国，由于社会保障力度小，对此选择放任不管，因而出现很多贫困的孩子。

近年来，即使在欧美国家，与父母住在一起的年轻人也有增加的倾向。研究年轻人贫困问题的最著名的学者、美国约翰斯·霍普金斯大学的社会学家凯瑟琳·S.纽曼教授在对各发达国家的采访调查的基础上完成的著作《与父母同住的战略——手风琴家庭时代》（2013年，岩波书店）对此进行了详细的介绍。

根据该书的阐述，在欧美国家，独立的年轻人逐渐无法生存而选择回到经济安稳的父母身边的"飞镖一族"和被称为"手风琴家族"（像手风琴那样，可以伸缩"大小"的家族）的人在逐渐增加。

北欧各国和荷兰比较特殊，因为国家对年轻人的社会保障，特别是雇用保障和住宅保障比较完备，人们从年轻的时候开始就能够不依赖父母自立生活。因此，同居者比较多，孩子的数量也并没有减少。不过，这些国家税收也比较高。

意大利和西班牙则像日本一样，本来其文化也并不追求独立，所以与父母住在一起的子女不在少数，不过他们和日本最大的不同点在于恋爱是否积极。

对于意大利和西班牙来说，除了认同和父母一起生活的文化因素以外，近年来经济状况不断恶化，子女无法独立生活也是原因之一。但是，两国无一例外的是恋爱十分兴盛。因此，在这10年间，陷入爱情进而想要一起生活的年轻人和父母住在一起的例子在不断增加。

结婚之后，单靠两个人不具有生活下去的经济实力，但又想享受"恋爱"，因此，双方一起回到其中比较方便的一方父母家中生活，这就是所谓"寄生同居"。这样的家庭形态在近几年不断增加，婚外私生子的比例也在增加。他们正在变成类似《与父母同住的战略》中那样的社会学研究对象。

与此相似，在日本也存在"奉子成婚"的情况。即没有结婚的两个年轻人，发现怀孕之后匆忙结婚，回到父母家抚养孩子。这样的家庭好像也在不断增加。

不仅是结婚,对于意大利、西班牙型的与父母住在一起的情况,日本或许也应该从制度上进行效仿。因为通过这种形式,有可能解决诸如少子化等一系列问题。

追随日本的脚步,直面中年寄生问题的亚洲新兴国家

在亚洲新兴国家,和日本一样的年轻人状况也在发展,例如,韩国和一二十年前的日本一模一样。近年来在韩国未婚化急速发展并且格差也在不断扩大,速度比日本更甚。能够在像三星集团这样的财阀系中就业的精英和没有工作的人之间的差距在不断扩大,形势甚至比日本更严峻。

例如,在日本,将来的情况暂且不论,即使是自由职业者,只要努力工作的话,每个月也能赚 20 万日元左右。进大企业工作的应届大学毕业生,初薪也能达到这种程度。因此,从这个意义上来说,差距并没有多大。但在韩国,二者之间相差了几倍不止。

即使在韩国,许多年轻人也和父母住在一起。由于未婚化在不断发展,20 年后韩国就会像日本这样,"中年单身寄生族"也会增多。

1999年,我发表了《单身寄生族的时代》一书。开卖之后不久,韩国和中国台湾就相继翻译出版了,这也表明了它们对社会上这些情况的高度关心。自那以后我就收到了许多来自韩国和中国台湾的采访,韩国和中国台湾为了看清自己未来的发展而在观察日本。

补充一下,存在被称为"蛰居族"即长期待在和父母同住的家中、闭门不出的年轻人的国家,除了日本之外,只有韩国。因为在世界上的大多数国家中,人们在现实情况下是无法闷在家中不出门的。

在欧美,像日本这样好几年"闭门不出"的情况基本是不存在的。例如,什么都不做的孩子会被赶出家门,也有父母离家出走的情况。此外,若是患有精神疾病,也会带他们去相关医疗机构就诊或者让他们住院治疗。

在发展中国家,父母比较贫穷,无法永远照顾孩子,因此孩子不得不学会自立。本来也没有能够闭门不出的个人独立卧室。

总之,孩子能够拥有自己的独立卧室,即使想自立也无法实现——日本是第一个出现这种情况的国家,韩国是第二个。更进一步来说,无论是日本还是韩国,虽然住房本身无法再扩大，但是由于"为了孩子"这种意识非常强烈，故"即使父亲没有书房"，也要让孩子有自己的房间。在世界上，日韩两国在这一特殊状况上非常相似。

中国香港、新加坡和中国内地也是如此，其寄生社会和日本、韩国一样。但在女性从事管理的比例比较高、女性比较活跃这一点上和日本不同。不过它们和日本一样，结婚的人越来越少，未婚的人越来越多。较之欧美国家，其年轻人对于恋爱也没有那么大的积极性，这和日本一样。

亚洲的新兴国家的女性活跃度与日本多少有点不同。不过，由于具有和日本相似的文化、制度因素，让人觉得这些国家将会步日本的后尘。预计10年、20年后，亚洲新兴国家也会和日本一样，社会差距将不断扩大。

第七章

「避免下坠的竞争」的结局

40岁世代将成为生活在"超少子老龄化社会"的老年人

接下来我们来看一下40岁世代未来的情形。不管你如何拒绝,底层的竞争只能是照此趋势发展下去,早晚都会来临。遗憾的是我们很难看到这一群体未来的光明前景。

尽管未来比较灰暗,但若是不能充分认识到未来的"真实情况",便什么都改变不了。同时,我也想提一些无论是社会还是个人都能够做到的建议。

正如前文反复重申的,在不久的将来,社会确实会变为超少子老龄化社会。最终,目前这批40岁世代在超少子化老龄化社会中,将会成为"老年人"而活着。

1970~1979年出生的40岁世代,到距今23年后的2040年,将进入61~70岁。那时,老龄化率(65岁以上人口比例)预计会达到30%。总之,社会将成为超老龄社会,即在职群体中每1.5个人就需要负担1位老年人。

现在的40岁世代将会在这种社会现实下步入老年阶层。

毋庸置疑,由于工作的群体越来越少,超少子老龄化社会将会对宏观经济产生负面影响。如果按照现状继续发展的话,经济增长将会放缓。从整体上来说,对于老年人的社会保障也必然会被缩减。

2040年格差社会的形成

在当今这批40岁世代之后,伴随经济差距和家庭差距的进一步恶化,日本社会老龄化程度也会更为严峻。正如之前反复强调的那样,现在的40岁世代是受格差社会影响的最初一代,因此,这些人将会带着这种格差(经济差距和家庭形成差距)在二十几年后成为"老年人"。

总之,在当今的40岁世代集体迈入老年群体的时候,日本的格差社会将基本形成。也就是说,这意味着从年轻阶层到工作阶层、老年阶层,都存在经济差距和家庭差距,并且逐渐固定化——这样的"阶层社会"开始出现。对此,我已经在序章的图表1进行了展示。

大规模的"下游老人"现象

前文介绍的《下游老人》一书中论述了格差社会的状况,

此书出版后非常畅销。正如书中所述，当前在报道中被认为是"个例"的孤立、贫穷的老年人，在不久的将来会大量出现，并形成一个"阶层"。

对此，我在2014年所著的《"家庭"难民》中就曾指出过：一些人为了能继续领取养老金而隐瞒父母的死亡，用以解决生计，导致最终进入监狱。然而，类似案件在未来将会"见怪不怪"，不再具有新闻价值了。

总之，现在仍然将老年人的情况视为非常稀奇的"个例"，做成新闻大肆报道。然而，等到2040年，当现在的40岁世代成为老年人的时候，老年人的人数将会大规模增加，成为一种"阶层"，到那时这些事便不再是什么吸引眼球的新闻了。

"没有家庭成员的老年人"大规模出现

说到家庭状况，等到现在的40岁世代成为老年人的时候，没有家庭成员的人将会达到怎样的比例呢？当然，有可能更老的父母或兄弟还健在。

预计2040年61～70岁人的未婚率男性将达到30%，女性将达到20%；且离婚不再婚的比率，男性为10%，女性为15%。不过，在那之前若是结过婚就有可能育有子女。因此，总体而言，没有家庭成员的情况应该会不少吧。配偶死亡且没有子女的群体，预计在男性中占5%，在女性中占10%。

到2040年，除了父母、兄弟姐妹之外没有家庭成员的比例预计会达到40%以上。基本可以确定，未来每5个人中将有2个人是单身且没有孩子、没有家庭成员的老年人。

2015年61～70岁老年人的未婚率，男性占10%，女性占5%。但从平均水平来看，该世代，即现在的老年人平均会有3～4个兄弟姐妹。因此，即便本人没有配偶或者子女，但兄弟姐妹身体依然硬朗，和侄子、侄女关系比较亲密，这一群体的比例非常高。总之，从亲属结构上来说，与家庭成员处于"孤立"状态的老人的比例依然很小。

另一方面，如前文所述，2040年61～70岁的人中，男性的未婚率是2015年的3倍，女性的未婚率是2015年的4倍。现在的40岁世代平均有2个兄弟姐妹。也就是说，没有兄弟姐妹或与兄弟姐妹或侄子、侄女关系疏远的比例并不低。

总之，到2040年，当现在的40岁世代成为老年人的时候，没有任何家庭成员可以依赖的老年人将会大幅增加。

陷入贫困的老年人大规模出现

到2040年,当现在的40岁世代成为老年人的时候,如果他们有工作能力,生活就尚可以维持,但随着逐渐衰老无法工作,将会有大量老年人陷于贫困状态。

从现在的生活保障率来说,单身生活以及夫妻二人共同生活的老年家庭中,有6%的家庭领取生活保障(2015年的老年家庭约1270万户,生活保护老年人家庭约810万户)。生活保障率虽然逐年增高,但可以肯定未来还将继续上升。

现在的老年人,不用说正式员工,即便是自营业者也基本能在诸多方面受惠,生活在社会差距非常小的时代。可即便如此,生活保障率依然在不断增高。因此,毋庸置疑,在格差社会逐步形成的过程中,领取生活保障的人也将持续增多。

对于生活保障率上升的原因,可以说是由于有一部分人不缴纳养老金,以及即使有些人缴纳养老金但领取到的金额也非常少。

从现状来说,即便在职的时候全额缴纳保险费,退休后的国民养老金也就是每人年均65000日元。若还在工作，生活尚且可维持，一旦不能工作，就只能依靠社会保障，这一老年群体在不断增加。

原本，夫妇双方领取的国民养老金总额约有13万日元，也仅仅达到能够勉强维持生活的水平。夫妇双方若其中一人领取养老金，另一人继续经营自营业，生活尚且可以维持。但若是单身的话，仅仅依靠国民养老金，生活就很难维系了，其不足的地方也只能依靠生活保障制度来补充。

到2040年现在的40岁世代进入老年阶段时，上述群体将会更加增大，申请最低生活保护费的比例也会明显增高。在这种情况下，为了维持生活保障制度，只能通过提高税收来维持生活保护费水平，或者降低保护费水平本身。

为什么这么说呢？正如前文所述，2040年，老年群体中有不少人得不到家庭成员的生活照料，这一比例非常高。

没有配偶和子女的老年人在不断增多，此外，即便有子女，子女的经济实力也帮不上年迈的父母。因为对父母提供帮助，子女和父母一同陷入生活困境的情况也将不断增多。

从父母手里继承财产的价值可能会逐年降低。由于人口减少，房产也不出所料地不再好出售。

据说，即便是现在，人口减少地区和城市郊外的别墅区基本上也处于"有价无市"的状态，地方县市的度假公寓便宜得跟白送似的。那些购买了经济泡沫时期大规模建造的一套一居室度假公寓的房主，由于无法支付管理费和固定资产费，恐怕在琢磨着如何尽快脱手，甚至不惜"白送"。即便如此，这类公寓似乎也还是找不到买家。比如，滑雪旅游胜地的单间公寓，由于这类地区已如同日常生活基础设施衰退的"鬼城"一样，即使不要钱白送也没有人想去居住。这种现象有可能向全国一般的住宅区蔓延。

一般来说，房产是为了维持"当今的生活"，应该属于安全的投资。但生活出现不便却不能搬家、想要紧急出售却卖不掉，因为有房产也申请不到生活保护——这样的情况时有发生。总之，将来房产甚至有可能从安全的资产变为巨大的"不安全资产"。

"标准家庭"也忧惧风险

诚然，在40岁世代中，自己是正式员工或者和正式员工结婚生子以及以这种"标准家庭"步入老年的人非常多，未来也将占据多数。但实际上,即便这些人在步入老年的时候,内心也忧惧"风险"。

在前一章中,我阐述了日本是由于搭上"快轨",从而成为国民被养老金制度、健康保险以及护理保险所覆盖的安心社会。但即使由这些所构成的社会保障制度非常完备,单凭它们也无法保障全体国民的中流生活。

我在2017年11月的时候进入60岁。我享有领取养老金的资格,但在收到"养老金邮件"之后,感到非常震惊,"咦,怎么这么少呢!"……

作为大学教授,我在职的时候工资可谓不菲,但我当上大学正式教师的时候年龄就已经比较大了,缴纳共济(厚生)养老金的年数非常短,因此领取的养老金也就不高。

我还算是比较早当上正式教师的,而现在大多是在35岁左右才能成为正式教职员,从那时开始缴纳共济(厚生)养老金。和一般企业的正式员工相比,我定期缴纳保费的时间比较短,只有6年,当时我就觉得"这种情况,没办法退休啊……必须继续工作呀……"那么,现在缴纳时间更短的35岁左右的教职员们,当他们步入老年领取养老金的时候又该作何感想呢?[1]

再举一个我朋友的例子。即便是年收入非常高的开诊所的医生也对将来充满不安:"工作的时候还好,如果将来无法行医了,基本上没有养老金呀!"医院的医生,工作的时候,如果厚生养老金缴纳得多,情况还好,但在自营业诊所工作的医生每月一律只能领取65000日元的国民养老金。即便这么说,某种意义上也是理所当然的。

由于这一系列的原因,到了老年,就连开诊所的医生可能都没有办法按时退休。

总之,日本的社会保障制度越来越无法保障中流生活,即和在职时代同等水平的舒适生活。正因如此,即使在今天,对风险的"忧惧"已经波及开诊所的医生、大学教授这些看似与生活不安离得很远的阶层了。

---

[1] 一般大学毕业生二十三四岁进入企业就开始缴纳养老金了。而当大学教师之前,读博士、做非常勤讲师(代课老师),都不能算是正式工作。有些人如果不能顺利进入大学教员的正式编制,要一直做非常勤讲师,在学校代课。

最大的不安是"无法继续工作"

这种对风险的忧惧将来也绝不会消失。当现在的40岁世代步入老年的时候,即便是所谓的"标准家庭",为了维持中流生活,夫妇双方也必须一直工作"到死"。从事低工资简单劳动的人会越来越多。

可能有人会想,那就依靠子女好了呀。但在日本社会,不给孩子添麻烦是大多数人的共识。而且,正如前文所述,子女一代越来越靠不住。最终,即便到了老年,大部分人依然需要找工作,利用存款和保险等"独自"应对风险。

从这个意义上来说,现在的40岁世代步入老年之后,生活也同样不会轻松。换句话说,"忧惧"将会持续下去。诚然,在"标准家庭",即便什么都不做也可以维持从前那样的舒适生活,可"一旦发生意外",就会有从中流坠落的风险。因此他们同样是带着这种忧惧生活的。前文所述的开业医生的例子也是一样,忧惧最大的原因是"无法继续工作"、猝不及防地患病或提前进入失能状态需要别人看护……

根据日本的现行制度,无论何人、无论何时都能够接受最低水平的基础治疗。但若想舒适地住院,享受安心的看护,必须花费高额费用。这也就意味着你必须存有一旦发生意外时应急的"额外存款"。

总之,为使无法工作的时候能够存上备用的额外存款,大家都在拼命地工作,不花钱,努力存钱,应该说这就是日本当今社会的现状。正因如此,近年来,因没有准备这笔存款而从中流生活坠落为"下游老人"的事例不断增多。

亲子关系的风险增大

等到2040年现在的40岁世代成为老年人时,亲子关系的危机也会更为严峻。即使是能过上一般生活的标准家庭也有可能陷入这样的情况:30多岁的子女经济无法自立,90多岁的父母因患病而需要看护,对家庭来说需要花费更多钱,造成这种情况的可能性在上升。

现在,我们使用了"可能性"这个词,但是这些事情"在实际上是否会发生,是事先无法预测的"。这就是所谓的风险的本质,也是最令人头疼的地方。比起今天,明天也可能会发生需要钱的情况,也可能不会发生——现在的40岁世代的标准家庭即使步入老年,对于这种不安的忧惧也将持续下去。

总之,即便是标准家庭,当发生意外情况的时候也无法过上舒适的生活,他们也将以这种状态迎接老年。这样的家庭在不断增加,危机也在不断扩大,这就是现状。而目前的40岁世代的未来正处于这种状况的延长线上。

即便如此还是存在"优胜一族"

当然,也有不畏惧前文所述危机的"优胜一族"。例如高收入的男性家庭和夫妇双方都工作的双职工的家庭。前者是依靠男性一人的收入和资产维持夫妇二人的生活,后者是夫妇二人都是正式员工,双方都可以领取厚生养老金。但是,在现在的40岁世代中,这种夫妇双方都是职工的"优胜一族"正在减少。

然而,除非子女在经济上能够完全自立以及完全没有需要照顾父母的负担,否则不能称之为"优胜一族"。

我所说的"优胜一族"指的是哪怕夫妻二人在老后患病住院或需要看护,也拥有能够维持舒适生活的养老金、存款和资产的人。然而,比起现在,未来这些人的比例将会不断减少。这种情形在我们身边已经亲眼所见了。

例如,在私营的收费养老院接受看护的话,最低每人每月需要花费约 25 万日元；如果是两个人的话，则每月需要 50 万日元。养老金和存款能够支付这些费用的人有多少呢？我猜恐怕不到两成。

在另一方面，接受生活保护的家庭若是需要看护的话，只能去公立的养老院或者老年护理机构，但目前这类公共养老机构数量不足，且质量低下，情况正在逐渐恶化。

这些年来的保健热在很大程度上也是由于"无法工作的话只能从中流掉下去"这一"忧惧"在发挥作用吧。

不管怎么说，若是标准家庭的话，将来不发生什么意外就好，即便发生了什么事，如果时间短应该也没有太大问题。但是未来的事谁知道呢？所以标准家庭也是带着对不安的忧惧进入老年的。

如果日本社会像今天这样一成不变的话，40 岁世代步入老年之后，可能每天都得祈祷千万别有什么"意外情况"发生吧。

"忧惧"在日本弥漫的原因

如前所述，现在的 40 岁世代的未来并不明朗。那么，在这里我希望大家能够思考一下，作为社会、作为个人，我们能做些什么呢?

在此之前,请让我稍微"辩解"一下。首先,对于社会的未来进行预设本来就是非常难的事。为什么这么说呢,因为对未来的预测建立在当今的社会制度和经济基础之上。

然而,毋庸置疑,社会制度和经济基础有可能经常发生变化。人们现在的行为方式和意识形态同样也有可能变化。

例如,我开始调查单身寄生族的时候大约是在25年前,那个时候社会上大多数人都是正式员工。也就是说,那个时候是无法预测到未来非正规雇用的人数将会增加这一趋势的。

但最终结果是,非正规雇用人数的增加对社会、经济、婚姻产生了巨大的冲击。因此,无法结婚、离开父母就无法自立的中年单身寄生族开始大规模出现。以社会成员都能成为正式员工为前提,本身是无法预测到他们未来结不了婚且选择一直寄生于父母家的。

2016年秋开始播放并引起热烈讨论的电视剧《逃避可耻但有用》(TBS系)是一部恋爱喜剧片,主要讲述的是一位女性"梦想"和收入稳定的男性正式员工结婚成为专职主妇的故事。如果是25年前,这根本不是梦想,而是"理所当然"的事情。

也就是说，在过去不管现实怎么样都能够得出的普遍结论，到了今天却变成"不可能的事"。这种社会心理的变化也是无法预测的一部分。

此外，如今由于"全球化"带来的种种问题在25年前是无法预测的。欧盟（欧洲联盟）是在1993年诞生的，当时大多数的专家都认为"欧洲统一，苏联解体，冷战结束，世界成为一体，社会也将成为和平且经济稳定的社会"。但如今英国决意脱欧，美国总统特朗普提出贸易保护主义，恐怖主义席卷世界各地……这些状况在25年前根本无法预测。

总之，如果要对目前40岁世代的未来进行预测，不得不说他们的未来是灰暗的，因为他们现在的状态绝非光明。

夸张一点说，只要在排他性的经济水域中没有发现某种新的能量，日本经济将不会出现什么划时代性的好转，只能预测说目前的状况将会持续下去。总之，正如前文反复阐述的，"安倍经济学"如果成功的话，当今40岁世代身上所呈现出的日本社会问题就不是解决不了的严重问题。

正如预测社会的未来极其困难一样，预测个人的将来也非常有难度。如果只是自己一个人的事还好，对自己的家庭未来心里没有底，似乎也无可厚非。

想要拥有家庭成员的人,也非常害怕它的风险。如前所述,日本社会的家族主义是产生这些恐惧的巨大原因。即使从这个意义上来说,也不得不说现在这批40岁世代的将来不容乐观。

即使经济未出现好转势头,"制度"也要改变

目前,在经济状况没有好转势头的前提下,如果可以改变现行的各种"制度",40岁世代的乌托邦式的理想未来也是可以实现的。

有一种可能性是"拓宽家庭形态"。

我的《单身寄生族的时代》一书的灵感来自《寄生乐园》(古城十忍)的一出戏剧。内容可能稍微有点长,在这里我简单介绍一下这部戏的梗概:夫妇二人和成年的女儿、儿子在一所狭窄、拥挤的房子里共同生活。作为职业女性的女儿将自由职业者的男朋友带到家里住,而一直蜗居在家的儿子也因大学中途辍学,整天闷在房间里。此外,一直独身生活的妻子的母亲由于"受伤"突然搬进家里,丧失妻子的丈夫的父亲也卖了自己的房子搬了进来。就这样,突然开始的7人

同居生活,状况百出……

此时,经常来家里串门的一位老爷爷提议,"若是这样的话,两位老年人搬到我家,和我一起生活",但前提条件是约定好,"三个人互相为对方送终,最后一人由夫妇二人为其安排后事"。结果,约好三人共同生活的两位老年人离开家,搬到了隔壁。女儿因为要去国外工作,而男朋友作为家庭主夫也一同搬了出去。儿子则因为网络创业成功开始独身生活——就这样,结局皆大欢喜。

这部戏剧所描述的就是所谓的拓宽"横向轴"和"纵向轴"的家庭形态。如果能够建立支持这一家庭形态的制度结构,那么,现在的40岁世代或许能迎来安适的老年生活。

拓宽"横向轴的人际关系"

我在《"家庭"难民》中阐述过有关"横向轴人际关系"的拓宽。它指的是再婚、事实婚姻、同居以及房屋共享式同居等"伴侣"关系的拓宽,能从制度上保障"老年人不再孤立"。

例如,《寄生乐园》中所提到的老年人房屋共享的某种家庭形态。在那种家庭中允许再婚；由于关系并没有那么亲密，也可以视其为能够时常一起吃饭的"场所"。

我认为，社会应该建立能够支持这种尝试新生活方式的制度结构。例如，单身生活的老年人把自己家作为"老年集体之家"招募房客，自己住其中一间，这样老年生活便不再孤单了。如果能够制定相关的制度，对这类情形给予援助，那么"老年集体之家"就会越来越多。

此外，具有共同爱好的"兴趣小组"人士和朋友之间的关系也可以"现实化"。

例如，年轻的单身女性中就经常有人提议"若是咱们以后一直单身的话，老了之后大家搬到一起住吧"。当然，这只是口头约定，目前大多数女性在还没有落实的时候就选择结婚生子了。不过今后，这些年轻时候的约定或许能够付诸实践，即理想成为现实。

即使是我所知晓的兴趣小组这类组织里，也在中老年单身女性中间听到过类似的话。不过并不是一起生活，而是想退休后搬到乡下，单身朋友们都住在附近，一起开心地生活。

这些兴趣组和朋友所说的那种生活重要的是，和现在的家庭相比，是以一种宽松的关系构建起"大家一起生活"的模型和社会结构。也就是说，为了实现那样的想法，就要改变现在不是家人不能一起居住、不是家人就无法安心的社会结构。

拓宽"纵向轴的人际关系"

仅凭血缘上的亲子关系强求子女负担赡养义务，目前似乎已经到了极限。也就是说，在拓宽"横向轴"人际关系的同时，拓宽血缘上的亲子关系即"纵向轴的人际关系"的制度在今后也越来越重要了。

到2040年的时候，现在的40岁世代，由于要看护父母、照顾孩子，势必会产生格差。

已经60岁的我在经济上倒还没什么困难，但假如父母已逝并留下丰厚遗产的人和必须持续承担贫困的父母看护费用的人之间，差距自然会不断扩大。而且，即使父母都处于需要看护的状态，进入公立的特别养老院（特养）和进入其他养老院这两种情况之间也会产生很大的差距。这些差距在未来将会比现在更为严峻。这一结果并不是当事人造成的，因此产生了极大的社会不公。用对家庭成员的爱心来填补差距也已努力到了极限（拙作《近代家庭的未来——家庭和爱心的悖论》，1994年，新曜社）。

此外，由于孩子找不到工作整日蜗居家中，而不得不继续照顾他们的60多岁的群体的人数也会比现在更多，这些人和孩子能够完全独立的人之间的差距也在逐渐扩大。

最终，对于老年人和年轻人来说，在原则上不需要照顾父母和孩子、父母和孩子也没有经济负担的社会，是防止"亲子共同破产"的前提。总之，这就是拓宽"纵向轴"的社会。

此外，从防止"孤立"这个意义上来说，经济宽裕的人收养养子或者给经济宽裕的人当养子，像这种不被血缘束缚的亲子关系是理所当然的。是否能够形成这样的社会是非常重要的。

举一个我朋友的例子。在东京拥有独栋住宅的80岁左右的一名单身男性（妻子去世，没有孩子）收养了他60岁左右的侄子为养子。对于侄子夫妇来说，养父同样具有转入需看护状态的风险。不过，他们能够继承养父在东京的房产，因为有了这层"保障"，这就不是一件不划算的事。当然，即使没有血缘关系，这样养子和"同居契约"也是可以成立的。

拓宽这种"纵向轴的人际关系"的社会结构，即不是家人也能够住在一起、不是家人也能够安心的社会结构,社会如果能够给予支持的话,就能防止"父母子女共同破产"和"孤立"问题。

即便经济不宽裕,即便没有家庭成员……

所谓家庭成员,可以说是一种"当发生意外状况时,能够互相帮助的'保障',是一种肉眼可见的'共同体'"。也就是说,对于目前血缘上的家庭成员,他们具有一种共同的认识和法律制度,即彼此可以免费为对方提供食宿,不加以"挑选"。

如果要让这些没有保障也没有血缘关系的人互相照顾,那么构建使他们能够安心生活的社会结构是非常重要的。如果无法做到这些,无论是在制度上还是在心理上,陷入"孤立"的老年人将会随处可见。

例如,现在日本住在"集体之家"[①]和"共享之家"的人们,只是短期住在一起,若是长期住在一起的话,相应的看

---

① 为老年人、残障人士等生活困难群体设立的小型援助设施。

护和遗产问题该如何处理呢？由于当前这些问题的解决大多被延后了，所以没有家庭成员的老年人无法安心地和别人一起生活。

总之，为了拓宽前文所述的"横向轴的人际关系"和"纵向轴的人际关系"，我们应该对所谓"模拟家庭"的构建进行制度上的支持。

从政策上来说，例如，虽说老年人共享住宅问题的法制化等已经提上日程，但对于老年人共享住宅，在税制上设置怎样的优惠措施、如何活用公共空宅等尚不确定。像这样，仅仅在所谓"硬件"上下功夫无疑是不充分的。

正如前文中提到的《寄生乐园》的结局那样，虽说在发生紧急情况时大家可以互相帮助，但今后，如同保护那些本不用承担责任的"合同"那样，必须从法律上对其进行整顿。

比起金钱问题，制定标准的规则更为重要。例如，像欧美各国的"合同婚姻"那样，包含同性夫妻在内，各种各样的同居在法律制度上，即所谓"合约同居"，都应该得到认可。

在前文中，已经阐述过养子的问题。由于养子＝家庭成员已被纳入现行的法制框架中，保障了不能抛弃彼此（赡养的义务）、可以继承遗产（继承的权利）等。同样，没有血缘关系的人住在一起时，法律上也必须有相应的保障义务和权利的条目。

当然，正如2016年夏公开上映的电影《后妻业之女》中，以遗产为目标而逐步杀死再婚对象，或是欺骗老年人收养子等"制度的恶用"的现象确实存在。为了防范此类情况的发生，我觉得必须说一下相应的预防措施。

单身朋友之间搬到对方附近居住，一起生活，互相照顾对方的老年生活，这样的例子在前文中我已经讲过。为避免这类"孤立"，应该制定法律制度来推动民众自主地采取行动。

当前，从制度上来说，家庭成员和非家庭成员之间的界限太严格了。今后，应该从制度上拓宽这一界限。总之，如果是家庭成员的话，则负有无限的责任；如果不是家庭成员则不用负担任何责任——就是说要建立消除这种区别的制度结构。

我在《"家庭"难民》一书中指出，为了防止家庭成员的"难民化"，必须建立不以家庭为单位而以个人为单位的社会保障制度。加之，取消包含生活保障在内的所有社会保障，导入全体国民一生都能够定期领取固定金额的"基础收入"（基础收入保障）制度。

从这一系列的安全网构想来说，以老年人为对象、以个人为单位的"最低保障养老金"或许更加现实。这也可以说是拓宽家庭成员和非家庭成员之间界限的一种社会结构。

同时，这些生活保障对于建立相应的社会结构，即包含为建立宽松关系的法律准备的社会结构来说也是必不可少的。

即便过渡到这种生活保障制度，像现在这样，同居若是没有相关保障的话，例如，如果有一方病重卧床不起，非家庭成员的同居者在制度上是无法进行照顾的。而且，从制度上来说，同居者也无法决定让老年人进什么样的养老院。

这些制度上的问题如果不解决，很难建立起一种宽松的关系。

为了现在的40岁世代的未来，进一步说是为了使得日本社会拥有更明朗的未来，我们能够做些什么呢？我们的目标应该是建立一个即使经济不宽裕、即使没有家庭成员也能够"和喜欢的人一直愉悦地交往的社会"。

终章

努力摆脱"避免下坠的竞争"

为了抑制避免下坠的竞争,防止中流和下游的阶层化即格差社会的形成,探寻如何建构更具包容性的全新社会至关重要。

这部分内容是本书的重点,虽然在前一章也介绍过,但在最后,我还想再归纳一下。

思路大致可分为三个方向,无论是哪一个方向的内容,无论政府、地方社会还是非营利组织都可以进行探讨,普罗大众也可以来思考一下。

凭借家庭和个人的努力能否防止从中流坠落?

第一,从新自由主义的立场来看,"凭借个人和家庭的努力能防止从中流坠落"。

但只要雇用状态不断朝两极分化发展,社会成员中就会划分出凭自己能力过上中流生活的人和他们的抚养人以及达不到这种水平的人,这是顺理成章的。

可能有人会说,"那夫妻双方都工作不就可以了吗",然而实际上目前双职工夫妻也在逐渐两极分化。

确实存在夫妻双方都是正式员工、能维持悠闲的中流生活的家庭。但是，夫妻双方都是高收入的正式员工（包含公务员），和低收入的非正规雇用夫妻之间的差距也存在杠杆作用。当然也存在由于业绩和工作年数带来的收入差距，男女之间也存在收入差距。

"只要个人努力，全体社会成员都能成为正式员工"，这种想法无异于画饼充饥。如果这些都能实现，根本就不会出现避免下坠的竞争。即便没有成为正式员工，但是好的工作机会不断增加，非正规雇用也会增加。这不仅是在企业内，在政府机关和大学里也一样。

从劳动雇用层面来考虑的话，仅仅凭借个人的努力如果无法赚到能自立的收入，就会从中流阶层坠落下来，这样的人层出不穷。

此外，有人可能会说："如果个人收入比较少的话，让家人帮一下不就好了吗？"但现实是原本就没有家庭成员的人在不断增多。正如夫妻双方都是非正规雇用者，即使有家庭成员，如果夫妻双方的经济情况不允许帮衬对方，还是会出现跌入下游的人。

总之，仅仅凭借个人和家庭成员的努力是无法阻止从中流阶层坠落下去的。

政府是否会不负众望?

第二,是"对政府的期待"的一种惯性思维。换言之,是指政府为国民提供生活保障的相关做法。即便是非正规雇用,即便没有被高收入家庭抚养,在某种程度上也能保障他们的中流生活,这就是大众所期望的保障政策。

在北欧、荷兰以及比利时等国家,这在某种程度上是可以达到的。在日本如果想要实行这样的政策,必须对包含以一定规模增税做法的社会保障制度进行根本性的改革。

但在财政出现诸多问题的日本,再加上消费税增税已经两次被延期,能否达到像北欧那样的生活保障水平,实在很难预测。

"提高他人的生活水平,降低自己的生活水平",持这种意见的人实在是少数。比起接受北欧那样的"通过增加负担来增强安全感",选择"我们自己保护自己,那些低收入的人就管不了了"的人可能会逐渐增多。

我希望未来社会能够接受为了增加安全感而带来的负担加重。政府应该展现出能够使国民感到"安心"的姿态,让民众免于从中流坠落,而不是一味地增加民众的负担。这应该说是能够让国民接受负担加重的关键所在。像从前那样,"如果财政破产,就得全靠你们自己负担了",这样的威胁是绝对没有说服力的。

家庭成员以外的"新的人际关系网"能否带来希望?

第三,探索地区和社区的援助,也就是寻找一种"新的人际关系网"。

我认为这一点很难实现。例如,近年来志愿者参加率逐渐降低,这是毋庸置疑的事实。东日本大地震时,虽然志愿者援助活动引人关注,但现实情况是志愿者人数并没有增加多少。

志愿者人数为什么会减少,可以找到各种各样的原因。迄今为止作为志愿者活动主力军的专职主妇大量走向工作岗位就是一个重要的因素。"没有余暇去帮助别人""如果有做志愿者的时间,想要去工作以备将来""与其捐款,还不如把这些钱用来维持自己的生活"这样的声音层出不穷。当自己的生活水平上升的时候,可以把多余的部分送给别人,但当自己的生活也变得艰难的时候,就无法再去帮助别人了。

为了维持自己家的中流生活,越来越少的人会去帮助别人——实际上,日本社会目前正在朝着人与人之间建立纽带的反向发展。

例如,假如是大学生,如果有参加志愿者的时间就会选择去打工,不赚钱的话学业将无法继续。目前,迫于学费和生活费压力的大学生越来越多。

总之,即便是新的人际关系网,其支援活动也越来越难以仅仅依靠志愿者进行。

三重安全网

对于这三个对策,仅仅依靠其中哪一个都无法形成新的包容性社会。例如,对于个人来说,虽然大部分的人都在拼命参加"就活"和"婚活",但自己和家庭成员的力量是有限的。

问题是对于那些已经为维持家庭生活拼尽全力的人来说,做些什么才能使他们安心呢?

幸运的是,无论是个人、家庭成员,还是政府的力量,抑或是连带的力量,都没有完全消失殆尽。

正因如此,趁着为时未晚,作为个人应该能够一边自立地生活，一边与他人建立联系。作为政府，为了防止民众从中流坠落，应该建立新型制度让社会给人重新来过的机会。地区、社区必须不断探索构建加强人与人的新纽带的社会结构和创新典范。这就是所谓的"三重安全网"的构建。

如果这些能够实现，就可以避免我在序章中所说的那些情况的发生，即抱着有可能坠落下去的不安度过一生，没有希望的社会将会来临（硬着陆）。

如果新的社会保障、新的纽带以及个人努力三者能够完美结合，不断向前推进，即使跌入下游，有一天也会重返中流。人们可以抱着这种希望生活。即使数度失败，在人生终点之前也可以过得不那么艰难。我认为建构这样的社会结构（软着陆）是可能的。

对此，可以从制度上给予支持。为了避免因为生孩子导致生活陷入窘困从而给予经济援助，为了使得孩子将来不陷入贫困而提供生活保障。如果大学学费可以免除，能够安心生儿育女的人就会增加。归根到底在于要真正导入基本收入制度。

总之，为防止民众向下游坠落，社会要提前准备好各种应对策略。

例如，为了防止坠落，现在40岁世代有什么应对策略呢？

即使是和正式员工结婚生育孩子的专职主妇，由于丈夫生病或被解雇，也会担心下游化问题。若是负担孩子学费的话，自己的生活就无法继续。正因为存在这样的"亲子共同破产的风险"，即使从旁观者的角度来看没啥风险，自己内心也总是惴惴不安。如果现行制度继续发展下去，这些家庭中必然有一部分会逐渐下游化。为了使其达到软着陆，必须建立相应的制度，使得人们即使发生紧急事件也不必担心孩子的学费问题。如果有这样的制度，父母和子女都不会坠落到下游阶层。

如果按照现行制度发展，现在和父母住在一起的中年单身寄生族中，那些非正规雇用的人在父母死后，无疑会跌入下游。为了不向下坠落，必须改革雇用体系，让那些中老年人也能成为正式员工。此外，必须创造相应的环境，让中老年人通过共享住宅逐渐共同生活。

中年单身寄生族由于"看护离职"而导致亲子双方纷纷破产的可能性非常高。因此，为了避免此类情况的发生，国家必须给予强有力的支持。

另外，母子家庭的成员之间，也需要共享住宅。虽说是中老年人也不要放弃再婚。对此，应该建立对再婚予以支援的社会结构。

不基于多样性的对策将毫无意义

到目前为止,为了防止坠落到下游阶层所提出的各种对策,其实就是与现在的40岁世代所抱有的各种不安相反的东西。

"不安的多样性"可以说是现在40岁女性一代的特性。

有些与父母住在一起的单身非正规雇用者,对自己的未来充满不安;有人出生于母子家庭,目前生活困难;有的是专职主妇,担心若丈夫出现什么意外情况,生活将难以为继。但是他们也祈祷着"希望这样的生活能够长久地持续下去"。就这样,他们带着各种各样的不安和祈愿生活着。

由于40岁世代的状况过于多样,仅用一个政策难以解决。而且在40岁这一世代后,这种多样性也不会发生改变。

由于这些问题比较特殊,有很多人觉得这些和自己没有什么关系,因而漠不关心,从而导致问题迟迟得不到解决。这就是现状。例如,即使是儿童等待入园的问题,由于社会上没有出现孩子越来越多的情况,因此反对新设保育园的人非常多。

但是现实是以已经出现的多样性为前提的,只能逐个具体地进行解决。

为建成全新的包容性社会,政府需要做的事、有余力的人可以做的事、社区需要做的事等,由于各自的立场不同,其行为的方向性也是不同的。

作为个人,基本上只有"自己要做的事"。因此注意到避免下坠的竞争的个人,大家都在拼命参加"就活"和"婚活"。

但作为社会全体,与其花费精力去做这些事,还不如把精力用于改变制度和惯例上。

例如,有余力的人不是花费精力为逃税远走海外,也不是为保护子女而留下资产,而是要多参加那些能够让周围人有幸福感的活动。即便这些都是很小的事,也是值得的。

对政府来说,目前所要做的是制定以这一系列行为为基础的政策。

后　记

最近的应届毕业大学生求职比较顺利，可以说比起从前，较为容易进入公司成为正式员工。也就是说，对于他们来说，本书介绍的这种"避免下坠的竞争"会稍微和缓一点。

但这种好势头仅限于处于中上水平的部分应届毕业大学生。在另一方面，尤其是那些工作需求比较高的人，依然在做着一些低薪酬的看护工作。

而且，虽然失业率很低，但是非正规雇用仍在不断增加。

从整体来看，激烈的底层竞争依然清晰地存在，并不会发生改变。

虽说进入了大企业，也并不能保证将来的生活。因为存在像东芝那样的情况，因此也只是"当前暂且比较安心"。

反过来说，成为正式员工也不会消除"坠落下去的不安"。

要说坠落的概率，在大企业工作的话比较低，在中小企业工作就比较高。这意味着存在"不安的差距"。

但谁都有可能坠落到下一层。因此"现在安心也不表示将来安心",几乎所有人都有这种感受。

为了消除这种不安,才有社会保障。制度不会发生改变。现在想起来,护理保险得以实现实在是太好了。最近,为了教育免费化的财政支出、提高社会保险费的"儿童的保险"在探讨中,不知道能否顺利实现。

这次我思考的"避免下坠的竞争"这一概念,2000年前后还没有想明白。关于从中流坠落到下游的过程,也就是"下游化",实际上给我启示的有一位恩人。

那还是十多年前《希望格差社会》出版的时候。

曾任劳动大臣的近藤铁雄先生说要跟我"交流一下想法"。当时,我是国民生活审议会的委员,是审议会的担当局长介绍我们认识的。近藤先生有在加利福尼亚大学伯克利分校留学的经验,我也曾经受文部科学省的派遣作为海外研究员在伯克利分校工作过一年,由于有这一缘分,我俩谈得很投机。

之后,他邀请我参加了不少研究会、学习会,近藤先生在老家山形县举办的私人聚会也邀请我参加,让我就日本社会的现状与未来发表议论。

虽然他是政治家,在大臣的岗位上工作,但他颇具学者风度,退休后阅读欧美经济、社会领域的原著,不断地充实自己。我还清晰地记得他在去世前的2010年召开了学习会,他对日本社会的将来非常担心。

有一次,近藤先生给我一本书说"读读吧",这本书就是 *The Race to the Bottom*,本书的书名就取自该书。

借此机会,我想向近藤先生表达我真诚的谢意。该书的出版也得到了朝日新闻出版社的喜多丰先生的支持以及高桥和彦先生在编辑上的支持,在此深表感谢。